인기 모바일 게임들과 함께하는

모바일 게임
기획의 모든 것

최주홍 지음

YoungJin.com Y.
영진닷컴

모바일 게임
기획의 모든 것

ISBN : 978-89-314-6165-7

독자님의 의견을 받습니다.

이 책을 구입한 독자님은 영진닷컴의 가장 중요한 비평가이자 조언가입니다. 저희 책의 장점과 문제점이 무엇인지, 어떤 책이 출판되기를 바라는지, 책을 더욱 알차게 꾸밀 수 있는 아이디어가 있으면 팩스나 이메일, 또는 우편으로 연락주시기 바랍니다. 의견을 주실 때에는 책 제목 및 독자님의 성함과 연락처(전화번호나 이메일)를 꼭 남겨 주시기 바랍니다. 독자님의 의견에 대해 바로 답변을 드리고, 또 독자님의 의견을 다음 책에 충분히 반영하도록 늘 노력하겠습니다.

파본이나 잘못된 도서는 구입처에서 교환 및 환불해 드립니다.

이메일 : support@youngjin.com

주 소 : (우)08505 서울시 금천구 가산디지털2로 123 월드메르디앙벤처센터2차 10층 1016호

STAFF

저자 최주홍 | **책임** 김태경 | **기획 및 진행** 차바울
표지 김효정 | **표지 일러스트레이터** 송진섭 | **디자인 및 편집** 프롬디자인 | **영업** 박준용, 임용수
마케팅 이승희, 김근주, 조민영, 이은정, 김예진 | **제작** 황장협 | **인쇄** 예림인쇄

작은 사무실.

피겨와 만화책이 가득한 가운데 알록달록한 침낭 하나가 보인다. 갑자기 경쾌한 애니메이션 음악이 울려 퍼진다. 침낭에서 손이 불쑥 나와 더듬거리더니 핸드폰을 잡는다. 알람이 꺼지고 잠시 후 침낭 끝에서 까치집 머리가 불쑥 솟아난다. 반쯤 감긴 눈으로 주위를 두리번거리다 안경을 찾아 쓰고 하품을 크게 한다.

아침 8시. 아직 출근한 팀원은 없다. 천천히 일어나 발로 침낭을 구석으로 밀어둔 후 삼색 슬리퍼를 신고, 늘어난 티셔츠 안으로 손을 넣어 가슴을 벅벅 긁으면서 주위를 거닌다. 프로그래머 자리에 피자 박스가 보인다. 뚜껑을 열어보니 먹다 남은 피자가 한 조각 남아있다. 날름 입으로 가져간다. 우물거리며 자리에 앉아 마우스를 흔든다. 대기 상태였던 PC가 눈을 뜬다. 어제 작업하던 문서를 열어 키보드를 두드리기 시작한다. 피자가 목에 걸려 캑캑대고 있는데 누군가 뜨거운 커피를 내민다. 팀원이 웃으며 인사한다.

"안녕하세요 팀장님!"

만화나 드라마에서 접하는 게임 회사의 모습이다. 정해진 출퇴근 시간 없이 밤샘을 당연하게 생각하며 좋아하는 게임 하나만 바라보고 세상과 단절된 공간에서 청춘을 불사르는 오타쿠들.

게임 회사는 정말 그런 곳일까?

이 책은 전문 기획자인 저자가 자신의 실무 경험을 기반으로 기획에는 어떤 세부 분야가 있으며, 프로젝트는 어떻게 진행하는지를 소개한다. 모바일 게임 기획의 과정이 구체적으로 담겨 있다. 예비 게임 기획자를 위해 작성하였으므로 누구나 부담 없이 읽을 수 있다. 여러분이 이 책을 읽고 원하는 게임 회사에 입사하여 프로젝트를 완료할 수 있다면 더 바랄 게 없겠다.

18년 동안 기획자로 일하면서 마그나카르타(2004, PlayStation2), HAVE 온라인(2006, TPS) 등 콘솔, 온라인 및 모바일 게임을 만들었으며 수상 내역으로는 시나리오 부문 대상(2003, 한빛소프트 오지 콘테스트), 기획 부문 동상(2004, 한게임 창작 게임 공모전), 인디게임 은상(2004, 한국게임산업개발원) 이 있다.

예시 게임 소개

   기획 설명을 구체적으로 하기 위해 모바일 인기 게임 세 작품을 예시
로 들었다.

블루스톤소프트 <소울아크>

블루스톤소프트가 개발한 <소울아크>는 2019년 1월 22일 출시된 모바일 RPG로
<라그나로크>의 원작자 이명진 작가가 아트디렉터로 참여했다. 출시 후 구글 플
레이 상위권에 드는 등 큰 인기를 끌었으며 현재 <소울아크:리부트>로 재차 인기
몰이 중이다.
홈페이지 http://www.bluestonesoft.co.kr/#page-top

(주)데브시스터즈 <쿠키런>

모바일 러닝 액션의 대표라고 한다면 역시 쿠키런! 개발사 DEVSISTERS가 2016
년 10월 27일 오픈, 사회 현상까지 불러일으킨 게임이며 현재 최신작 <쿠키런 오
븐브레이크>가 서비스 중이다.

홈페이지 https://www.devsisters.com/ko

(주)스마트조이 <라스트오리진>

스마트조이에서 개발한 턴제 전략 수집형 RPG <라스트오리진>은 2019년 2월 15
일에 오픈했다. 매력적인 캐릭터와 스토리, 유저와 소통하는 라이브 서비스로 다
수의 팬을 확보하고 있다.

홈페이지: http://smartjoy-game.com/LastOrigin

알림

이 책에서 인용하는 게임들은 게임 기획 및 개발이 어떻게 시작되어 완성, 서비스되는지에 대한 개념 이해를 돕기 위해 예시로 준비된 것이므로 본문 내용과 실제 데이터는 관계가 없을 수 있다.

밸런스 왜 이렇게 안 맞냐

차례

PART 01 게임 회사는 무엇이고 기획자는 무엇인가?

PART

02

모바일 게임이
만들어지는 과정

게임 회사는
무엇이고
기획자는
무엇인가?

Part

01

Chapter 01

게임 회사란 무엇인가?

모든 회사의 꿈

게임을 만드는 방법은 여러 가지가 있지만, 게임 회사에 입사하여 팀을 배정받아 제작하는 것이 가장 보편적이라 할 수 있다.

이순신 장군의 말처럼 대상을 알면 알수록 공략하기 쉬운 법이므로 '게임 회사'가 무엇인지부터 알아보자.

❶ 게임 회사는 게임을 만들고 서비스하는 곳

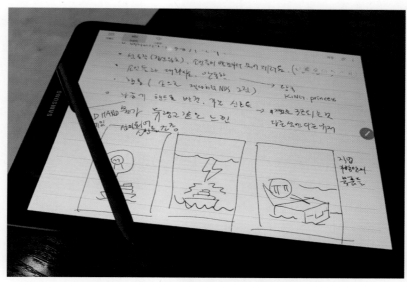

아이디어 스케치(선원이 배를 타고가다 벼락을 맞아 표류하는 내용의 인디게임 아이디어)

길을 가다 아무나 붙잡고 "게임 회사가 뭔가요?"라고 물어본다면 "게임 만드는 곳 아닌가요?"라는 대답을 들을 것이다. 틀린 말은 아닌데 뭔가 아쉽다. 게임 개발자에게 물어본다면 뭐라고 대답할까? "게임을 만들고 판매하는 곳입니다." 훌륭한 대답이다. 이 정도면 게임 회사에 대해 충분히 알고 있다고 봐도 된다.

게임을 만들기만 해서는 수익을 낼 수 없고, 그러면 다음 게임을 만들 수 없다. 회사는 영리를 추구하는 이익집단이므로 게임을 만들어 판매한 수익으로 다음 게임을 만들어야 한다. 만약 게임 만드는 것에서 그친다면 비영리 인디 게임 개발팀과 차이가 없을 것이다.

| 게임 회사란 무엇인가 |

○ 게임을 만든다.

○ 만든 게임을 유저에게 판매하거나 서비스한다.

○ 얻은 이익으로 게임을 또 만든다.

그런데 여기서 한 가지 짚고 넘어가야 할 것이 있다. 게임 회사는 게임을 개발하고 판매하는 곳이지만, 그건 게임 시장 규모가 작았던 옛날에나 가능했다는 것이다. 이제는 게임 스케일도 커졌고 판매도 복잡하다. 게임 하나 잘 개발하기도 힘들고, 잘 만들었다고 해도 광고나 유통망이 받쳐주지 못하면 성공하기 어렵다. 그래서 요즘은 회사마다 개발 혹은 판매로 각자 잘하는 것을 찾아 집중한다.

| 게임 회사 종류 |

○ 게임을 만드는 곳 → 개발사

○ 게임을 판매하는 곳 → 퍼블리셔

게임을 잘 만드는 곳은 개발사가 되어 게임 개발에만 집중하고, 판매를 잘 하는 곳은 퍼블리셔가 되어 개발사가 만든 게임을 판매한다. 물론 큰 회사는 개발과 퍼블리셔 둘 다 한다.

좀 더 이해하기 쉽게 구성원으로 나눠본다면 개발사는 기획, 프로그래머, 그래픽 디자이너 등 개발자로 이루어져 있고, 퍼블리셔는 영업, 홍보, 마케팅 등 사업팀으로 이루어져 있다.

본인이 게임을 만들고 싶다면 개발사를, 파는데 더 흥미가 있다면 퍼블리싱을 알아보자.

게임 회사는 무엇이고 기획자는 무엇인가?

② 좋은 게임 회사 입사하기

| DEVSISTERS 채용 | 문화와 혜택 | 채용 중인 직무 | 자주 묻는 질문 | 기술 블로그 |

JOB OPENINGS

우리는 다양한 분야의 최고의 인재들을 찾고 있습니다.

Technology & Product	모집중인 직무 8	Technology & Platform	모집중인 직무 6
Data Science & Analyst	모집중인 직무 4	게임 디자이너/기획/운영/MD	모집중인 직무 6
디자인	모집중인 직무 3	아티스트	모집중인 직무 1
QA/CS	모집중인 직무 2	마케팅	모집중인 직무 2
경영지원	모집중인 직무 1	산업기능요원/전문연구요원	모집중인 직무 15

(주)데브시스터즈 채용공고

게임 회사가 어떤 곳인지 알았으면 이제 좋은 게임 회사는 무엇인지 알아보자. 우리나라에는 많은 게임 회사가 있는데 저마다 만드는 게임도 다르고 회사 문화도 달라 어디를 어떻게 선택해야 하는지 어려움이 많을 것이다. 사람마다 선호하는 바가 있어 어떤 회사를 선택해 입사해야 한다고 명확히 얘기할 순 없지만 가장 기본적으로 '월급이 밀리지 않는 곳' 이어야 한다는 것에는 이견이 없을 것이다. 우리나라 게임 업계는 비교적 역사가 짧고 게임을 출시하더라도 꼭 성공한다는 보장이 없기 때문에 월급 밀리는 일이 생각보다 많다. 과거에는 "라면만 먹고 만들었다."라는 말이 통할지 몰라도, 게임 규모가 커지고 관련 산업이 많아진 지금에는 통하지 않는다. 따라서 회사가 재정적으로 안정적인지부터 확인하는 것이 가장 먼저다. 만약 그렇지 않은 회사라면 게임이 정말 출시되어 성공할 수 있는지를 면밀히 검토해야 한다. 월급이 밀리지 않는다는 가정하에, 가장 좋은 회사는 역시 본인이 좋아하는 게임을 만든 회사일 것이다. 재미를 느끼는 부분이 같다면 게임 개발이 훨씬 수월하다. 개발자 중에 아는 사람이 있다면 추천을 받는 것도 좋은 방법이다. 개발자라면 현업에 대해 많은 것을 알고 있을 테니 좋은 회사를 추천해 줄 것이다. 꾸준히 게임을 내는 회사도 좋은데, 이런 곳은 안정적인 개발라인이 구축되어 있어 발매 혹은 풍부한 서비스 경험, 게임 개발의 전체 공정을 익힐수 있다. 역사가 오래된 회사도 살아남는 능력이 있는 곳이니 한 번쯤 살펴볼 필요가 있다. 이렇게 말하면 신생 회사는 지원하지 말라는 것처럼들릴 수도 있지만 본인이 잘 알아보고 가능성이 있다고 생각되면 도전해보는 것도 좋다. 스스로 목표가 명확하고 노력한다면 어딜 가도 좋은 결과를 얻을 수 있다. 회사를 정했다면 아래의 방법으로 정보를 모은다.

| 회사 정보 얻기 |
- ○ 회사 홈페이지
- ○ 게임 구인구직 사이트
- ○ 회사에서 만든 게임에 대한 사이트, 인터넷 카페

큰 회사면 모르겠지만 작은 회사 홈페이지는 생각보다 얻을 수 있는 정보가 그렇게 많지는 않다. 개발하기 바빠 홈페이지를 관리할 시간이 없기 때문이다. 그래도 방문하여 얻을 수 있는 정보는 체크하자. 게임 구인구직 사이트는 회사가 돈을 내고 올리는 곳이므로 실제 필요한 정보들이 있다. 어떤 프로젝트에 어떤 인재가 필요한지 기재되므로 반드시 읽어볼 필요가 있다. 마지막으로 회사에서 만든 게임을 플레이 해보는 것도 중요하다. 면접 때 질문이 나올 수도 있어서라기보단, 회사의 비전과

개발력을 알 수 있는 결과물이기 때문이다. 만약 서비스 중인 게임이 있다면 공식 카페 등이 있으니 그곳에서 유저들의 반응을 보는 것도 좋다. 충분히 준비가 됐다고 생각되면 입사 지원한다.

③ 구인 목적을 알고 지원하기

이제 본격적으로 입사 지원을 해보자. 시작부터 안타까운 얘기지만 회사에서는 신입보다는 경력자를 선호한다. 경력직은 게임 업계에서 보통 3년 이상 종사하면서 게임 개발에 대한 기본 지식과 실력을 갖춘 사람을 말한다. 3년이라고 한 이유는 이 정도 시간이면 프로젝트에 따라 다르겠지만 대략적인 구조를 경험할 수 있기 때문이다. 만약 5년 차라면 더욱 환영 받을 수 있는데, 직위가 높지 않아 연봉에 큰 부담이 없으면서도 대부분의 실무가 가능하여 바로 써먹을 수 있기 때문이다. 경력직의 이직은 보통 사람을 구하는 회사 내 팀원들의 추천으로 이뤄지게 되며 회사에서도 안정적으로 구인할 수 있는 방법이므로 자주 사용한다.

하지만 이 책을 읽고 있는 당신이 신입이라면 어떻게 해야 할까? 답은 가능성을 보여주는 것이다. 경력자와 다른 것은 경험의 차이뿐이라는 것을 나타내기 위해서 할 수 있는 것은 모두 해야 한다. 준비된 자에게 기회가 오는 법이다. 먼저 회사가 구인하는 목적부터 알아보자.

| 구인 목적 |
- 신규 프로젝트 시작
- 개발 중인 프로젝트의 추가 인원
- 기존 게임 라이브 서비스 충원

신규 프로젝트는 새로운 팀 세팅에 따른 필요 인력을 구하는 경우이다. 모든 것을 처음부터 시작하는 것임에도 불구하고 짧은 시간 안에 이 프로젝트를 왜 해야 하는지 주위를 설득시켜야 하기 때문에 바로 투입할 수 있는 경력자 위주로 뽑는다.

개발 중인 프로젝트의 추가 인원을 뽑는 경우는 프로젝트가 생각보다 규모가 커졌거나, 중간에 나간 팀원의 빈자리를 메꾸기 위해서다. 전자면 다행이지만 후자면 팀에 문제가 있을 수 있으므로 반드시 잘 확인해야 한다. 역시 이 경우도 경력자 위주로 구한다.

기존 게임 라이브 서비스 충원은 게임을 서비스 중인 회사에서 가장 일반적으로 나타나는 구인 방법이다. 게임이 개발되어 서비스 단계까지 가면 처음 개발했던 개발자들은 슬슬 다음 게임을 만들고 싶은 경우도 있는데, 그렇게 되면 지금 서비스 중인 게임에 빈자리가 생기게 되므로 사람을 구하게 되는 것이다.

세 번째에 언급한 라이브 서비스의 빈자리가 바로 신입으로서 노려볼 만한 자리이다. 기존 게임을 라이브 서비스하는 팀은 언제나 인력난에 허덕인다. 따라서 신입의 이력서도 가능성이 엿보인다면 뽑힐 가능성이 있다. 여기서 말하는 가능성은 꼼꼼한 일처리다. 라이브는 특성상 절대 실수가 있어선 안되기 때문이다. 지원한다면 이런 자리를 목표로 하자.

게임 회사는 무엇이고 기획자는 무엇인가?

게임 회사에
입사하다

어린 시절을 주로 오락실에서 보냈다. 학교 끝나면 오락실 가는 것이 당연했고, 그런 아들을 잡으러 오는 어머니의 한숨 역시 당연했다.

"넌 대체 커서 뭐가 되려고 그러니?"

귀를 잡아끌며 집으로 향하던 어머니의 질문에 뭐라고 대답했는지 기억이 나진 않지만, 게임을 만드는 사람 혹은 그와 비슷한 것으로 대답하지 않았다는 것만은 장담할 수 있다. 왜냐하면 게임을 만들어 보겠다는 생각을 아예 하지 못했기 때문이다. 게임은 그저 즐기는 대상이었다. 적어도 취업을 앞두기 전까지는.

게임 회사에 가고 싶다는 생각은 정말 문득, 그것도 대학교 마지막 학기를 앞두고 회사에 입사 지원서를 돌리는 와중에 스치듯 들었다. 왜 그런 생각이 갑자기 들었는지는 모르겠지만, 아마도 어렸을 때 그렇게 다녔던 오락실의 기억이 "너 정말 이렇게 해도 좋은 거냐?"라고 속삭였던 것 같다. 그렇다고 게임 회사에만 지원서를 낼 정도로 세상 물정 모르는 나이는 아니었기에, 대기업 한 곳, 중소기업 두 곳, 그리고 잘 모르겠지만 아무튼 게임 회사인 한 곳에 이력서를 넣었다. 신기하게도 대기업과 게임 회사 면접이 같은 날 같은 시간에 잡혔고 (중소기업 두 곳은 탈락했다) 어딜 가야 하나 오락실에서 승룡권을 날리며 고민하다가 게임 회사를 택했다. 이것은 운명이다. 운명의 데스티니다! 어려서

부터 오락실에 들락날락했던 운명이 나를 이끌어주는 거다. 붙을 수밖에 없고, 만들 수밖에 없다. 그런 인생으로 계획된 거다!

　자기 최면을 끝내고 경건한 마음으로 난생처음 면접이라는 것을 보러 갔다. 그때의 가슴 떨림은 정말 이루 말할 수 없을 정도였다. 하지만 그런 긴장은 잠시 후 말끔하게 사라지고 대신 의심과 걱정으로 채워졌다. 다 쓰러져가는 건물은 내가 그런 생각이 들어도 전혀 이상하지 않음을 온 몸으로 긍정하는 것 같았다. 이런 곳에 회사가 있는 건가? 아니 그것보다 안 무너지는 게 신기한데? 알싸한 기분이 들었지만 이래야 인생을 헤쳐나가는 맛이 있지 않겠냐며 씩씩하게 계단을 올라갔다. 3층에 다다르니 세게 닫으면 떨어져 나갈 것 같은 나무 문짝에 게임 회사 간판이 아슬아슬하게 매달려 있었다. 심호흡하고 문을 노크했다. 대답이 없었다. 조심스럽게 열고 들어가니 사람들이 책상에 엎드려 있거나 의자에 길게 누워있었다. 당장에라도 문을 도로 닫고 아무 일 없었다는 듯이 돌아가고 싶었지만 누군가 나를 보고 자리에서 일어섰다. 우물쭈물하며 면접 보러 왔다고 하자 나를 최초 발견한, 수염이 지저분한 남자가 좀비처럼 비척비척 걸어가 다른 책상의 서류를 뒤적였다. 쓰레기 더미같은 서류 뭉치들 사이에서 내 이력서를 찾은 그는 나를 다시 한번 쳐다보았다. 나는 최대한 미소를 지어 보였고 그는 회의실로 안내했다. 담배 찌든 냄새가 확 올라오는 가운데 면접이 시작됐다. 지금이야 면접을 보는 것뿐만 아니라 면접관으로도 많이 들어가 익숙해졌지만, 당시의 사회초년생인 나는 너무 당황하고 긴장했기에 뭐라고 대답했는지 기억이 하나도 안 난다. 그렇게 30분간의 면접이 끝났고 보름이 지나도록 아무런 연락이 없어 떨어졌다는 것을 알게 되었다. 그것이 나의 첫 사회적 탈락이었다. 이럴 줄 알았으면 그냥 대기업을 볼 걸 그랬다. 그러면 차라리 대기업이라 떨어졌다는 명예로운 변명이라도 가능할 텐데.

게임 회사는 무엇이고 기획자는 무엇인가?

처음 써본 기획서로 만든 슈팅게임 백설 공주

　　하지만 여기서 포기할 순 없다. 그만두기엔 게임 개발, 특히 기획에 대한 호기심이 충만한 상태였다. 준비가 필요하다. 너무 아무것도 모르는 상태에서 들이밀었다. 아직 학교를 졸업하려면 반년의 시간이 남아있으니 공부하자! 그렇게 게임 회사를 들어가기 위한 계획이 시작되었다. 인터넷에서 게임 개발 동호회에 가입하고 자료들을 구해 공부했다. 당시 인터넷엔 게임 개발에 대한 것, 특히 게임 기획서는 정말 보기 힘들어서 테트리스 같은 게임을 두고 역으로 기획해 보면서 독학하는 수밖에 없었다. 그러다 점점 만들고 싶은 게임이 생겼고 그것을 기획서로 만들었다. 동화 백설 공주를 모티브로 한 슈팅 게임이었다. 백설 공주가 왕자를 납치하자 마녀가 구하기 위해 모험을 떠난다는, 백설 공주를 살짝 뒤집은 내용이었다. 처음으로 기획서를 써본 성취감은 대단했다. 이렇게 잘 쓴 기획서를 누군가에게 보여주고 싶었다. 때마침 게임 개발 동호회에서 알게 된 현업 기획자가 오프라인 모임을 열었고 거기에 참석했다. 나는 그에게 기획서를 보여줬고 그것이 인연이 되어 2002년 봄 처음으로 게임 회사에 기획자로 입사하게 된다.

Chapter

02

기획자란
무엇인가?

게임 기획자의 자리

게임이 복잡하고 다양해지면서 기획자에도 여러 가지 직군이 생겨나게 되었다. 게임의 이야
기를 만들어내는 시나리오, 무엇을 즐길지 계획하는 콘텐츠, 재미의 핵심 전투, 로비나 상점
등 게임의 구성을 이루는 시스템, 유저가 플레이할 장소를 만드는 레벨 디자인, 게임 내 보상
및 수익 모델을 계획하는 경제 파트 등이다. 이들 모두 기획에 속하기는 하지만 세부적으로
는 독립적이라고 봐도 될 만큼 전문성을 필요로 한다. 기획자로 지원할 때 특히 자신 있는 분
야를 제안할 수 있다면 회사에 더 좋은 인상을 줄 수 있을 것이다. 이제 기획자가 하는 일을
알아보자.

게임 회사는 무엇이고 기획자는 무엇인가?

① 시나리오: 게임에서 펼쳐지는 이야기

<소울아크> 이벤트 씬

매력적인 스토리로 게임이 시작되면 유저는 흥미를 느끼고 다음 이야기를 궁금해하며 게임을 계속 플레이하게 된다. 이처럼 게임을 플레이하면서 겪게 되는 이야기와 이벤트를 시나리오라고 한다. 재미있는 시나리오는 유저가 게임에 계속 접속하도록 만드는 힘이 된다. 영화 시나리오 라이터와 달리 게임 시나리오 라이터는 게임 시스템과 이야기를 잘 접목해서 유저가 이야기를 따라가며 플레이하는 재미를 느낄 수 있도록 해야 한다.

■ 게임 시나리오 라이터에게 필요한 능력

게임 시나리오도 이야기를 만드는 것이 중요하기 때문에 다른 영화나 드라마 시나리오처럼 기본적인 이야기 작성 능력이 필요하다. 영화나 드라마 같은 장르의 시나리오와 비교해서 게임 시나리오가 특히 다른 것은 캐릭터를 중심으로 진행된다는 것이다. 게임에서는 캐릭터로 플레이하기 때문에 이야기 역시 캐릭터를 통해 시작되고 진행되며 해결된다. 따라서 매력적인 캐릭터 설정은 필수다.

| 시나리오 라이터에게 필요한 능력 |
- ○ 재미있는 이야기를 만들어낼 수 있는 상상력과 이를 뒷받침하는 문장력
- ○ 만들어진 이야기를 플레이로 연결할 수 있는 게임에 대한 이해

시나리오를 써야 하므로 책을 많이 읽고 드라마나 영화를 보는 것도 좋지만, 중요한 것은 게임을 많이 해보는 것이다. 손이 많이 가는 작업이지만, 본인이 좋아하는 게임의 대사를 그대로 받아서서 대본으로 만들어보고 플레이에 연결해보는 것도 좋은 방법이다. 하지만 가장 좋은 것은 시나리오가 메인이 되는 간단한 게임을 직접 만들어보면서 세계관과 대사에 대해 깊은 고민을 해보는 것이다.

| 시나리오 라이터에게 필요한 능력을 키우기 위한 방법들 |
- ○ 게임 개발 툴을 이용해 간단한 비주얼 노벨*을 만들어 본다.
- ○ 상업적으로 성공한 히트작의 시나리오를 읽어본다.
- ○ 정확한 한글 맞춤법을 연습한다.

---

* 비주얼 노벨은 보이는 소설이란 뜻으로, 게임에서는 오래된 장르 중 하나이다. 캐릭터 간 이야기 진행을 중심으로 한 편의 소설을 보듯 플레이하는 특징이 있다

게임 회사는 무엇이고 기획자는 무엇인가?

글을 잘 쓰기 위해서는 많이 읽고, 쓰는 수밖에 없는데 게임 시나리오도 마찬가지여서 많이 써보는 수밖에 없다. 여기에 많은 게임 플레이 경험도 필요하니 결코 쉬운 일이 아니다. 요약하면, 좋은 글을 많이 읽고, 게임을 많이 하며, 많이 써서 게임을 만들어보는 것이 좋다.

2 화면에 맞는 대사 길이

게임은 플랫폼에 따라 한 번에 화면에 출력되는 대사의 길이가 정해져 있으므로 한 번 출력될 때마다 뜻이 완결되어 있어야 한다. 예를 들어 트위터에 글을 올릴 때 글자 수가 제한되어 있기 때문에 그 안에 내용을 모두 포함하는 것과 같다. 출력된 화면에서 문장이 매듭지어지지 않으면 다음 화면에 연결이 되어야 하는데 그렇게 되면 글의 흐름이 끊길 수 있다.

3 시나리오를 작성하는 과정

세계관과 캐릭터 설정, 그리고 메인 스토리는 매스 프로덕션 단계로 들어가기 전부터 결정되어 있어야 한다. 그래야 해당 내용을 바탕으로 그래픽 리소스와 스케줄을 산정할 수 있기 때문이다. 플레이에 영향을 주고 싶거나 받을 경우 시스템 기획자와 미리 협의한다.

| 시나리오 작성 과정 |
- 세계관을 설정하고 그것을 바탕으로 캐릭터를 만들어낸다.
- 게임에 들어갈 내용을 챕터별로 구분하여 시나리오 대본을 작성한다.
- 시스템과 연관 있는 시나리오는 시스템 기획자에게 협조를 요청한다.
- 대본을 근거로 신규 캐릭터 그래픽 리소스를 요청한다.
- 대본을 근거로 보이스를 녹음한다.
- 게임에 대본이 나오도록 스크립팅한다.

❹ 세계관 설정하기

세계관은 게임에서 펼쳐지는 이야기의 근거다. 디테일한 세계관은 이야기에 힘을 불어넣지만 그렇다고 너무 복잡할 필요는 없다. 처음에는 세밀한 세계관보다는 주요 사건들 중심으로 설계하고, 캐릭터 설정으로 넘어가도 된다. 그러면 세계관 안에서 캐릭터들이 움직일 것이고, 캐릭터들이 엮어가는 이야기를 통해 유저는 자연스럽게 세계관을 알게 된다. 다만 주의할 점은 어디까지나 시나리오는 게임 플레이 안에서 진행되어야 한다는 것이다.

| 세계관 설정 |
- 게임이 어떤 세계인지 간단하게 알 수 있어야 함
- 주인공과 대립, 갈등하는 세력이 있어야 함
- 여러 장소가 등장할 수 있어야 함

세계관이 복잡하면 개발자들도 이해하기 힘들고 그것을 게임에 적용하기도 어렵다. 좋은 세계관은 누가 봐도 쉽게 이해할 수 있어야 한다. 게임에서 계속 이벤트와 전투가 발생하기 위해서는 주인공과 대립하는 세력 사이 갈등이 일어나야 한다. 또한 다양한 적이 등장하고 유저가 다양한 캐릭터를 키우기 위해서는 여러 장소가 등장하여 많은 여행을 떠나도록 해야 한다.

게임 회사는 무엇이고 기획자는 무엇인가?

5 캐릭터 설정

세계관이 정해졌다면 캐릭터를 설정한다. 특히 주인공의 설정이 중요한데, 유저가 직접 플레이하는 대상이기 때문이다. 모바일 RPG의 경우 주인공은 많은 캐릭터를 만나고 모험하며 강해지는 과정을 겪는다. 시나리오는 주인공의 행동에 의미를 부여하여 유저가 공감할 수 있게 하면서도 자연스럽게 스토리에 따라 강해져서 계속 플레이하도록 유도해야 한다.

> **| 캐릭터 설정에 필요한 질문 |**
>
> ○ 주인공의 성격이나 신체의 특징은 무엇인가?
> ○ 주인공의 장단점은 무엇이며 게임 내 어떤 캐릭터가 그것을 공략할 수 있는가?
> ○ 주인공이 어떤 계기로 모험을 시작하게 되는가? 그 과정과 결말은 어떻게 되는가?
> ○ 주인공의 적대세력은 누구인가? 라이벌이 있다면 누구인가?
> ○ 주인공의 조력자는 누구인가?
> ○ 주인공은 어떤 과정을 거쳐 강해지게 되는가?
> ○ 주인공의 능력은 무엇이며 어떤 활약을 할 수 있는가?

특히 드라마와 달리 게임 캐릭터는 유저가 직접 조작하기 때문에 몰입하기 쉽다. 따라서 캐릭터의 설정은 기본적으로 유저의 적극적 감정이입을 기반으로 하게 되며 게임 시스템과 연관된 것일수록 플레이와 조화를 이룬다.

쿠키런 캐릭터 콘셉트

⑥ 대본 작성

세계관과 캐릭터 설정이 끝난 후 이를 바탕으로 게임의 중심 이야기를 만들어 나간다. 캐릭터가 중요한 게임이라면 캐릭터 중심으로, 전체적인 이야기가 중요하다면 설정 중심으로 전개한다. 어느 쪽이든 대사로 출력된다면 대본을 작성해야 하며, 특히나 성우 녹음까지 고려한다면 반드시 있어야 한다.

⑦ 스크립팅

대본을 게임에 삽입하는 작업을 스크립팅이라고 한다. 단순히 대사만 출력하는 것이 아닌, 해당 대사를 하는 캐릭터의 배치 및 표정, 몸짓 등도 여기서 모두 결정한다. 모두 입력한 후에는 캐릭터에 맞게 출력되는지, 오타나 줄 바꿈에 문제가 없는지 꼼꼼하게 점검한다.

게임 회사는 무엇이고 기획자는 무엇인가?

8 성우 녹음

사운드 녹음실

대본을 성우에게 전달하고 녹음실에서 사운드 담당자와 함께 녹음한
다. 성우가 정확한 감정을 갖고 녹음할 수 있도록 대사의 의미, 톤, 게임
에서의 역할 등을 설명하고 진행한다. 보이스 녹음이 완료되면 녹음 파
일을 들어보고 음성의 높낮이가 맞는지, 발음은 문제없는지 등을 체크한
후 게임에 적용한다.

② 콘텐츠: 유저에게 놀거리 제공하기

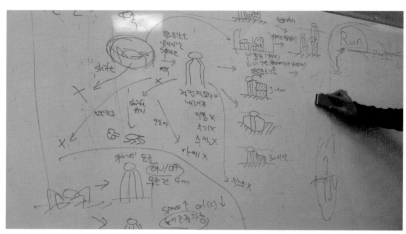

콘텐츠 회의

콘텐츠는 유저가 즐길 수 있는 플레이 요소들을 말한다. 새로운 던전이나 매력적인 캐릭터, 희귀한 아이템 등이 모두 여기에 해당한다. 유저가 어떤 콘텐츠를 즐기고 싶어 하는지 미리 파악하여 개발하도록 제안하는 것이 콘텐츠 파트의 일이다. 다만 우리나라의 경우 콘텐츠 파트와 시스템 파트가 명확하게 구분되어 있지는 않다. 원칙적으로 콘텐츠는 누구나 제안할 수 있기 때문이다.

■ 콘텐츠 기획자에게 필요한 능력

콘텐츠는 기획의 모든 파트를 이해한 상태에서 작업해야 더욱 효과적이다. 따라서 콘텐츠 기획자가 되고 싶다면 시나리오, 콘텐츠, 전투, 시스템, 레벨 디자인, 경제까지 두루 경험해보길 추천한다. 그렇지 못하면 구현과는 동떨어진 아이디어 수준의 콘텐츠 기획을 할 수도 있어서 게임 퀄리티가 떨어지는 결과를 초래할 수 있다.

게임 회사는 무엇이고 기획자는 무엇인가?

| 콘텐츠 기획자에게 필요한 능력 |

○ 게임 플레이를 만들어낼 수 있는 상상력과 이를 설명할 수 있는 문서 작성 스킬

○ 타 게임 콘텐츠의 트렌드 파악

○ 시나리오, 시스템, 레벨 디자인, 경제 및 밸런스 등 기획 타 파트에 대한 전체적인 이해

콘텐츠 개발 능력을 키우기 위해서는 창조적 사고보다 먼저 다른 게임의 장단점을 파악할 수 있는 힘이 필요하다. 다른 게임의 장단점을, 만들고자 하는 게임에 녹아들도록 적용하는 능력이 있을 때 비로소 창의력이 빛을 발하게 된다.

| 콘텐츠 기획자에게 필요한 능력을 키우기 위한 방법들 |

○ 게임을 많이 플레이해보고 장단점을 중심으로 공략집을 만들어본다.

○ 게임에서만 창의력이 발생하는 게 아니다. 영화나 드라마 등 다양한 콘텐츠에서도 배우려고 노력한다.

○ 간단해도 좋으니 콘텐츠를 구성하기 위한 요소들을 직접 만들어본다. 시나리오, 전투, 시스템, 레벨 디자인, 경제 밸런스 모두 포함된다.

2 콘텐츠 기획 과정

아이디어를 내고 그것을 구체화하는 것이 콘텐츠 개발의 줄거리다. 다만 아이디어가 얼마나 재미있는가, 그리고 구현은 얼마나 가능한가가 콘텐츠의 성공과 실패를 나누는 기준이 된다. 콘텐츠 개발은 단순히 아이디어만 냈다고 끝이 아니라 구현까지 진행하고, 유저가 플레이해 본 후 피드백까지 받아야 끝나는 것이다.

| 콘텐츠 기획 과정 |

○ 유저 플레이 데이터를 분석하거나 재밌다고 생각한 게임을 연구, 혹은 아이
  디어를 내서 제안할 콘텐츠를 정리

○ 프로그램, 그래픽 담당자와 협의하여 구현이 가능한지를 논의

○ 선택된 아이디어를 구체적으로 발전시킨 후 프로토타입 개발

○ 프로토타입을 기반으로 내부 논의 후 본 개발 진행

3 재미 파악

라스트오리진 전투 세팅

　콘텐츠 제안을 하기 위해서는 유저가 어떤 플레이를 원하는지 파악하
고 있어야 한다. 이야기가 중요하다면 새로운 이야기를, 전투가 중요하
다면 신규 스킬과 전장이 새로운 콘텐츠가 될 것이다. 주의할 점이라면
여기서의 재미는 기획자의 주관에 따르는 경우가 많으므로 팀원들의 의
견에도 귀를 기울여야만 한다.

4 콘텐츠의 순환 고리

단순히 콘텐츠를 제안하기만 해서는 단발성으로 끝나기 쉽다. 콘텐츠 끼리는 서로 물고 물리는 연속성이 있어야 게임 플레이에 목적이 생겨 더 재밌게 할 수 있다. 이를 콘텐츠의 순환이라고 한다.

| 콘텐츠의 순환 |

○ 파티를 구성하여 전투

○ 전투 보상을 받아 파티 성장

○ 성장한 파티로 더 강한 적과 전투

5 게임 설계 능력

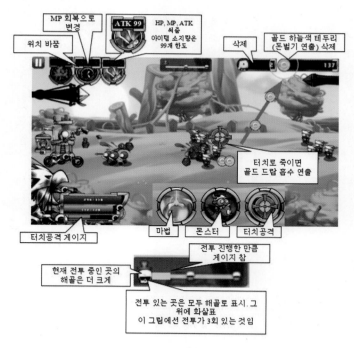

모바일 디펜스 게임 <카툰 디펜스> 전투화면 설계

콘텐츠를 제안한다는 것은 유저가 원하는 것을 예측하는 이외에도, 개발팀이 그것을 만들 수 있는 능력과 시간이 되는지도 알아야 한다. 아무리 좋은 콘텐츠라도 개발할 수 없으면 소용없다. 콘텐츠 기획과 시스템 기획이 병행되는 이유 중 하나가 이것이다.

⑥ 최신 트렌드 기획

모든 기획자가 그래야겠지만 콘텐츠 기획자는 특히 최신 트렌드에 빠르게 적응해야 한다. 유행하는 게임이 있다면 무엇이 재미 요소인지 파악하고, 우리 게임에 적용할 수 있을지를 고민해 봐야 한다. 독불장군으로 혼자 재밌다고 생각하는 것을 넣으려 한다면 팀원들부터 납득하기가 어렵다. "다른 게임에선 이런 것이 구현되었는데, 직접 해보면 이러이러한 게 재밌으니 우리도 연구해보자."라는 자세로 끊임없이 노력해야 한다. 예를 들어 최근 모바일 게임의 변화를 하나 살펴보자면, 선택과 집중의 경계선이 모호해졌다는 것이다. 과거에는 바쁜 유저를 위해 집중해서 플레이할 곳과 그렇지 않아도 되는 곳을 시스템적으로 나누었다. 대표적으로 유저는 전투에 집중하고, 마이룸 꾸미기나 길드 출석 등은 여유롭게 플레이할 수 있었다. 하지만 지금은 전투는 자동 전투로 여유 있게 하고, 반대로 여유 있어야 할 마이룸에 적이 쳐들어오는 등 안심할 수 없는 플레이가 생겨나고 있다. 콘텐츠 기획자는 이런 상황에서 우리 게임에 가장 잘 맞는 방식은 무엇인지 고민해야 한다. 우리도 자동 전투를 채용하기로 했다면 적어도 다른 게임보다 개선되어야 할 것이다. AI가 더 뛰어나서 유저가 만족감을 얻을 수 있다든지 하는 연구가 필요하며, 마이룸이라면 더 확장해서 꾸밀 것이 있는지, 커뮤니티 기능은 어떻게 할 것인지 등을 기획해야 할 것이다.

게임 회사는 무엇이고 기획자는 무엇인가?

③ 전투: 재미의 시작이자 끝

소울아크의 전투

게임 콘텐츠의 모든 존재는 전투를 위해 존재한다고 봐도 될 정도로 전투는 게임의 핵심 부분이다. 전투는 무조건 재밌어야 하며 캐릭터의 성장을 직접적으로 체험할 수 있는 곳이어야 한다. 물론 왜 싸워야 하는지에 대한 당위성은 기본이다. 전투 기획자는 이 모든 것을 전투에 잘 나타내야 하기 때문에 어려운 파트이기도 하다.

■ 전투 기획자에게 필요한 능력

전투가 게임에서 제일 중요하다고 했지만 어떻게 만들어야 하는지 정해진 것은 없다. 처음엔 몇몇 아이디어를 기반으로 프로토타입을 만들고, 반복 플레이하면서 재미를 찾아 나가는 수밖에 없다.

재밌는 아이디어를 찾는 것과 별개로, 현재 팀이 개발할 수 있는 역량에 맞춰서 구현해야 한다. 그래서 전투 기획자는 프로그램과 그래픽에 대해 기초 상식 정도는 있어야 한다. 예를 들어 실시간 동기화를 해서 다른 유저와 협동 혹은 대결하는 것의 비중을 높일 것인지, 아니면 웹서버를 이용해 비동기 위주로 갈 것인지도 정해야 하고, 그래픽적으로는 너무 많은 리소스를 쓰는 장면이 있으면 그것을 생략하면서도 전투의 느낌이 여전히 느껴지도록 조절할 줄 알아야 한다.

| 전투 기획자에게 필요한 능력 |
○ 유저가 빠져들 만한 재미를 갖출 수 있는 전투 설계
○ 전투 공식 및 밸런스를 맞출 수 있을 정도의 수학적 지식
○ 정확한 공격과 방어를 위한 시각적 표현과 조작 구현에 대한 지식

| 전투 공식 |
○ {(공격력 * 공격속도 증가값/n) - 방어력} * 속성값

위와 같은 수학적 지식이 필요한 이유는 전투 공식으로 산출한 값을 게임에 적용하고, 수많은 반복 테스트를 거쳐 밸런스를 잡아야 하기 때문이다. 수식을 잘못 짜면 재미없는 건 둘째치고 밸런스가 붕괴되거나 버그를 만들어내기도 하므로 특히 주의해야 한다.

전투 기획자에게 필요한 능력을 키우기 위해서는 다른 기획 분야처럼 많은 게임을 접해봐야 한다. 하지만 유달리 요구되는 것이 있는데 바로 수학이다. 그렇다고 수학을 전문적으로 공부할 필요는 없다. 회사에서 사용하는 문서 작성 툴로도 간단한 수학 문제는 쉽게 풀 수 있다.
정확한 계산도 결국은 재미를 구현하기 위해 필요한 것이므로 전투를 재밌게 만들기 위한 노력이 가장 중요하다.

게임 회사는 무엇이고 기획자는 무엇인가?

| 전투 기획자에게 필요한 능력을 키우기 위한 방법들 |

○ 타 게임들의 전투, 특히 만들고자 하는 게임과 같은 장르의 전투를 집중 분석한다.

○ 전투 공식을 만들기 위한 수학 공부를 꾸준히 한다. 최소 중학교 수준은 필요하다.

○ 간단한 툴을 이용해, 미사일을 쏘고 맞추는 슈팅 게임을 제작해 본다.

슈팅 게임을 만들어 보기를 권하는 이유는 무언가를 쏘고 맞추는 것이 전투의 가장 기초이기 때문이다. 과거 유행했던 게임들 중 슈팅 장르가 많았던 이유도 그것이다. 공격력과 방어력, 이동 속도 등 전투에 필요한 요소들이 빠짐없이 들어있으므로 꼭 만들어 보기를 권한다.

② 전투 기획에서 구현하기까지의 과정

먼저 전투 콘셉트를 구성할 때는 어떤 전투로 유저에게 즐거움을 줄지 정의해야 한다. 속성을 중시하는지, 유저의 컨트롤이 중요한지, 행운이나 랜덤에 의존하는지 등이다. 전투 콘셉트를 잡으면 구현할 팀원들을 모아 세부적인 논의 후 프로토타입을 개발한다. 여기서 실제로 재미가 있는지, 확장이 가능한지, 개발은 앞으로 계속할 수 있는지 등을 체크한다.

| 전투 구현 과정 |

○ 전투 콘셉트 기획

○ 그래픽, 프로그램 담당자와 함께 모여 구현 가능한 수준으로 논의

○ 구현 진행. 프로그램, 그래픽 작업되는 것을 계속 확인

○ 구현 완료되면 테스트 진행

기획 내부에서는 로직, UI, DB 등 필요한 것을 준비하여 구현을 진행하고, 어느 정도 완료되면 테스트를 통해 지속해서 재미를 검증한다.

❸ 다양한 전투 모드

전투가 한 가지만 있으면 단순하기 때문에 기본적인 전투를 만든 후 다양한 전투를 파생시켜 유저에게 콘텐츠를 최대한 많이 제공한다. 전투 모드는 누구와 하는가에 따라 크게 싱글, 대전, 협동으로 나눌 수 있다. 싱글 모드는 흔히 혼자서 하는 플레이로 메인 시나리오를 따라가며 하는 캠페인 등이 대표적이다. 대전 모드는 다른 유저와 겨루는 것으로 PvP로 표시한다. 혼자 일대일로 싸우거나 다대다로 싸우기도 한다. 마지막으로 협동 모드는 유저들끼리 협동하여 매우 어려운 보스를 쓰러트리는 것을 말한다. 대표적으로 레이드가 해당한다.

소울아크 길드 레이드 파티원 세팅 화면

게임 회사는 무엇이고 기획자는 무엇인가?

이와 달리 전투에 캐릭터를 얼마나 동원하는가 인원수로 체크하는 모드도 만들 수 있으며 특정한 조건을 걸어 특정 캐릭터가 활약하게 할수도 있다. 중요한 것은 유저가 전투에서 재미를 느낄 수 있게 다양한 모드를 시도한다는 것이다. 전투 후 얻는 보상을 각각 다르게 하면 유저는 다양한 보상을 얻기 위해 다양한 전투를 할 것이다.

❹ 중요한 것은 기본 플레이

전투를 처음 개발할 때 너무 많은 것을 넣으려 하면 안 된다. 쏟아지는 아이디어를 모두 구현하려 하면 방향을 못 잡고 이리저리 표류하기 쉽다. 명확한 것 하나를 정해 그것만 만들고, 그것이 완성되었을 때 다음 것을 진행한다.

가장 중요한 것은 기본 플레이로 게임의 기초를 쌓는 것이다. 개발은 적군과 아군이 서로 공격과 방어를 주고받는, 아주 간단한 기초적인 것부터 시작한다. 내가 공격하고 일정 시간 후에 적이 공격하고, 대미지를 받아 체력이 줄어들고. 그것을 구현한 후 느낌을 보고 스킬을 추가한다. 직업, 속성은 그다음 일이다. 순서대로 정리하면 아래와 같다.

| 모바일 RPG의 전투 플레이 구현 순서 |
- 적과 아군의 기본적인 공방
- 스테이터스 디테일
- 속성
- 액티브 스킬
- 패시브 스킬
- 승리와 패배
- 보상 획득
- 장비 적용

다시 한번 강조하지만, 전투는 가장 기초적인 것부터 순서대로 구현해 나가야 하며 한꺼번에 너무 많은 것을 하려고 하면 안 된다. 기초가 중요하다.

❹ 시스템: 게임을 구성하고 조율하기

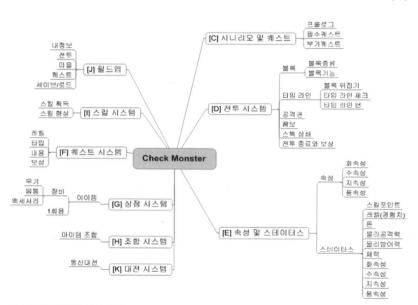

몬스터 체크를 위한 기본 구성

전투를 제외한 모든 요소는 시스템 기획을 거치게 된다. 시스템은 간단히 말해 콘텐츠가 실제로 구현되기 위해 필요한 모든 것을 준비하는 것이다. 시스템 기획서에는 로직과 사양, 필요한 그래픽 리소스가 정리되고, 구현 중에는 구체적인 값을 맞혀가며 밸런스를 잡는다. 그렇기에 회사마다 다르지만 보통 기획팀이라고 하면 시스템 파트가 가장 많다.

■ 시스템 기획자에게 필요한 능력

기획자는 수치를 잘 다뤄야 하는데 특히 시스템 기획에서는 더욱더 중요하다. 콘텐츠를 수치화하여 프로그래머를 이해시킬 수 있어야 하며 그 과정이 논리적이어야 한다. 이 과정에서 타 파트에 작업 요청을 할 수 있는 대화 능력이 필요하다.

| 시스템 기획자에게 필요한 능력 |

- 콘텐츠를 이해하고 시스템(로직)으로 설계할 수 있는 능력
- DB를 다룰 수 있는 수학적 능력
- 타 파트 작업자와 업무를 진행할 수 있는 원활한 커뮤니케이션 능력

시스템 기획 능력을 키우는 방법은 딱히 정해진 것이 없다. 시스템은 시나리오, 콘텐츠, 전투, 레벨 디자인, 경제를 모두 하나로 엮는 역할을 하기 때문에 모든 구현 요소에 대해 잘 알고 있어야 하며, 이들이 충돌하지 않도록, 논리적으로 문제가 없도록 처리할 수 있어야 한다.

| 시스템 기획자에게 필요한 능력을 키우기 위한 방법들 |

- 논리적 사고를 배양하기 위한 프로그램 기초 상식 학습. 간단한 프로그램의 구현도 좋다.
- 많은 게임 플레이 후 시스템 분석 및 파악 연습. 공략집을 써보는 것을 추천한다.
- 기획 각 파트의 연결을 위해 간단한 게임 제작을 해보는 것이 좋다.

② 시스템 기획에서 구현하기까지의 과정

과정은 전투 구현하는 것과 크게 다르지 않다. 우선 구현할 내용을 기획한다. 기획서가 완성되면 타 파트 작업자들과 함께 실제 구현 가능한 수준으로 기획서를 다듬는다. 이 내용으로 디렉터에게 확인을 받고 통과되면 다시 작업자들과 세부적인 논의를 거친다. 만약 디렉터가 반려하면 내용을 더 보강한다.

| 시스템이 구현되기까지의 과정 |
- 구현할 내용 기획
- 그래픽, 프로그램 담당자와 함께 모여 구현 가능한 수준으로 논의
- 로직, UI, DB 등 세부적인 내용을 포함한 시스템 기획서 작성
- 구현 진행. 프로그램, 그래픽 작업되는 것을 계속 확인
- 구현 완료되면 테스트 진행

구현에 들어가면 작업자들이 개발을 잘하고 있는지, 문제는 없는지 계속해서 확인한다. 구현이 완료되면 테스트를 하고, 문제없으면 업데이트한다. 흔히 저지르기 쉬운 실수는 기획자는 기획서를 쓰면 끝이라고 생각하는데, 구현까지 모두 완료되어야 일이 끝나는 것이다. 작업자들이 업무에 집중할 수 있도록 작업리스트를 정리하거나 업무 진행 상황을 체크하는 것도 기획자의 일이다.

③ 시스템 기획은 논리와 수치가 중요

콘텐츠를 구체적으로 어떻게 구현할지에 대한 사양을 정하기 때문에 명확한 설계가 필요하다. 특히 만들고자 하는 내용을 설명할 때 논리적으로 모순이 없어야 한다. 게임의 구현과정을 유저 입장에서 플레이하듯 순서대로 설명해 나간다. DB로 뽑아내야 할 부분을 명확히 하고 예외 사항이 있는지도 체크한다.

게임 회사는 무엇이고 기획자는 무엇인가?

④ 시스템 기획의 3요소: 로직, UI, DB

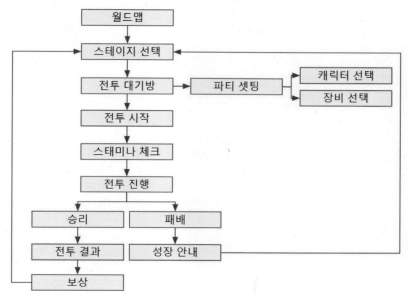

전투 흐름 로직

　로직은 게임 요소가 어떻게 시작하여 동작하고 종료되는지 논리적으로 정의한 것이다. 가령 캐릭터가 레벨업을 한다면 로직은 어떤 요소에 의해 레벨업이 일어나는지 처음부터 끝까지 논리적으로 설명해준다. 그와 관련된 게임 요소와 구현 요소는 무엇인지도 필요하다. UI는 이것을 게임에서 어떻게 보여줄지 정의한 것이다. 거의 대부분의 게임 요소는 UI를 통해 화면에서 보여지기 마련이다. 어떻게 표현되는지도 시스템 기획자가 설정해 줘야 한다. 마지막으로 DB는 위에서 말한 로직에서 필요한 설정값을 모은 것이다. 레벨업을 위해서는 얼마의 경험치가 필요한지, 레벨업을 하면 스테이터스가 얼마나 오르는지 등을 모두 DB에서 관리한다. 이 세 가지가 모여야 하나의 완전한 시스템이 구축된다.

⑤ 작업을 지속해서 확인

기획서대로 작동되는 프로토타입이 나오면 직접 테스트하면서 구체적인 값을 기재해 나간다. 버그나 요청사항이 생기면 담당 개발자와 의논하여 수정한다. 필요한 그래픽 리소스를 계속 확인하면서 버전을 체크한다. 테스트 결과를 메일이나 사내 게시판을 이용해 작업자들과 공유하는 것도 좋은 방법이다.

번호	버전	키워드	우선 순위	진행 상황	제목	등록 날짜
1	특정 버전	로비/ 방 생성 창	2	버그 확인	방 생성 팝업 창이 뜬 상태에서 캐릭터 회전이 가능한 현상	등록일
2	특정 버전	대기방/ 유저 리스트	1	버그 확인	대기방에서 레드팀 리스트 부분을 클릭하면 다운되는 현상	등록일

슈팅 게임의 버그 리스트

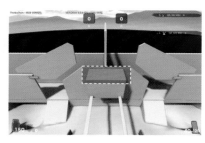

① 발판 위에서 저격 시 탄이 발판에 걸리는 현상을 줄이고, 발판 위에서 캐릭터가 은폐할 수 있는 공간을 줄이기 위해 발판의 크기를 줄임.

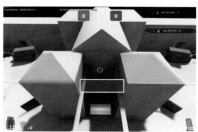

① 캐릭터가 위에서 사격할 수 있도록 발판을 추가함.
② 발판의 위치는 앞쪽이며, 뒤쪽은 캐릭터가 아래로 피할 수 있도록 뚫려 있는 형태임.

맵 제작 후 개발 피드백 정리

게임 회사는 무엇이고 기획자는 무엇인가?

⑥ 예외사항은 항상 기록

기획서는 쓰일 당시에는 완벽할지 몰라도, 구현해 나가면서 갖가지 변수가 생길 수 있다. 만들고 나니 재미가 없어서 바꿔야 할 경우나 만들 땐 몰랐는데 구현할 수 없는 것이 생겨 다른 방법을 찾아봐야 하는 등 얼마든지 있을 수 있다. 이렇게 예외상황이 발생할 경우 빠짐없이 기록해 두고 그에 대한 개선책 역시 마련해서 작업자들과 공유해야 한다.

⑤ 레벨 디자인: 전투와 정교하게 맞물린 재미

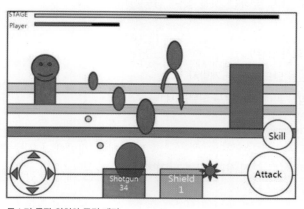

몬스터 등장 위치와 공격 패턴

주인공이 몬스터와 싸운다. 몬스터가 너무 쉬우면 재미가 없고, 너무 어려우면 다시 하고 싶지 않다. 가장 재밌을 때는 아슬아슬하게 이길 때다.

이처럼 주인공의 성장과 몬스터의 강함을 맞춰 전투를 재밌게 하는 설계를 레벨 디자인이라고 한다. 사실 진정한 의미는 유저가 플레이할 수 있도록 장치를 마련하는 것이다. 장치를 마련한다는 것은 밸런스도 포함되는데, 여기까지 가게 되면 너무 뜻이 광범위해지므로 통상 몬스터와 던전 배치에 국한하여 레벨 디자인이라 부르는 경우가 많다. 레벨 디자인은 기획 파트에서도 매우 중요한데, 유저는 대부분의 시간을 던전의 몬스터와 싸우는 데 시간을 보내기 때문이다.

■ 레벨 디자이너에게 필요한 능력

맵을 구성하고 몬스터를 배치하는 것은 전투 시스템에 대해 완전히 이해하고 있어야 가능한 일이다. 유저 캐릭터가 어떤 무기와 스킬을 쓰는지, 속성은 무엇인지 등을 알아야 그에 맞는 맵과 몬스터 배치를 통해 재미를 만들어낼 수 있기 때문이다. 또한 '여기를 지날 때쯤에는 캐릭터가 이 정도 무기와 스킬, 스탯을 갖고 있겠지' 하는 밸런스에 대한 파악도 되어 있어야 한다. 등장하는 모든 몬스터의 특징을 숙지하고 있어야 함은 당연하다. 전투 기획자 이외에 전투에 대해 해박한 기획자를 꼽으라면 당연히 레벨 디자이너가 될 것이다.

| 레벨 디자이너에게 필요한 능력 |
○ 몬스터 능력치와 스킬을 설정할 수 있는 전투 시스템 이해력
○ 맵을 디자인할 수 있는 공간 능력
○ 유저의 레벨과 플레이 동선을 파악할 수 있는 능력

레벨 디자이너는 맵을 구성하고 몬스터를 배치하는 것에서 그치지 않고 전투와 긴밀히 협조하여 재미있는 플레이를 만들어낼 수 있어야 한다.

게임 회사는 무엇이고 기획자는 무엇인가?

전투 기획자가 하는 공부는 물론이고 여기에 레벨 디자이너로서 필요한 구현 스킬도 익혀야 한다.

| 레벨 디자이너에게 필요한 능력을 키우기 위한 방법들 |
- 전투 이해를 위한 간단한 전투 제작
- 맵 디자인을 위한 기초 드로잉 실력과 몬스터 배치를 위한 밸런싱 연습
- 성장 단계 밸런싱을 위한 간단한 수치를 다루는 연습

2 레벨 디자인 구현 과정

전투가 결정되었을 때 레벨 디자인이 비로소 시작된다. 전투 및 콘텐츠 기획자와 추가될 던전에 대해 아이디어 회의를 한다. 초안이 잡혔다면 기획서를 작성, 디렉터의 확인을 받는다. 통과되면 레벨 디자인에 들어가며 맵 구성 및 몬스터 배치가 끝나면 테스트한다.

| 레벨 디자인 구현 과정 |
- 전투 파트와 던전에 대해 논의
- 던전 구성과 출현 몬스터를 기획
- 레벨 디자인 툴 등을 이용하여 던전 구현
- 몬스터 배치 및 테스트

3 유저의 성장을 예측

'유저가 게임을 시작하면 이곳에 올 것이고, 여기서 무엇을 할 것이다. 그 행동의 보상으로 무엇을 주면, 유저가 어느 정도 강해지니까 이때 등장하는 몬스터는 이 정도 강하면 될 것이다.'라고 유저의 플레이를 예측할 수 있어야 한다. 적절히 배치된 요소들은 유저가 계속해서 게임을 하게 만드는 원동력이 된다.

4 중요한 것은 전투력

팀 전투력	권장 전투력
521,851	556,800

파티의 전투력

　전투력은 캐릭터가 얼마나 강한지를 수치로 나타낸 것이다. 스테이터스 기반으로 산출하는데 여기에는 캐릭터 스테이터스와 장착 중인 장비 스테이터스가 포함된다. 유저 캐릭터가 얼마나 강한지 알면 이에 맞춰서 몬스터들을 배치할 수 있다. 이것을 기본으로 하고, 스킬과 속성, 직업 간의 상성을 더하면 된다.

5 던전마다 특징을 명확히

　비슷한 던전들만 있으면 유저는 결국 익숙하거나 가장 보상이 많은 곳만 플레이하게 된다. 그래서 유저가 가질 수 있는 다양한 소재를 활용하여 전투하도록 던전을 구성해야 한다. 참고삼아 모바일 게임의 대표적인 던전을 알아보자.

6 메인 던전

　주요 스토리를 진행하는 던전. 구성에 관계없이 가장 전투력이 강한 파티로 무난하게 플레이할 수 있으며 주요 보상을 획득할 수 있다. 스토리 전달이 가장 중요하므로 라이트 유저도 쉽게 할 수 있도록 밸런싱한다.

게임 회사는 무엇이고 기획자는 무엇인가?

○ 주요 스토리가 진행되는 만큼 모든 유저가 진행할 수 있도록 난이도를 설정
해야 한다.

○ 대부분의 유저가 하는 던전이며 중요 보상이 나온다. 즉, 메인 던전만 플레
이해도 게임 진행에 필요한 필수 보상을 받을 수 있게 해야 한다.

모바일 디펜스 <카툰 디펜스> 메인 던전

7 요일 던전

요일마다, 성장에 필요한 필수 재료를 얻을 수 있다. 짧고 강하게 플
레이할 수 있는 곳이며 던전이 요구하는 특성에 맞추지 않으면 공략이
어렵다. 좋은 보상을 얻는 곳일수록 특정 조건을 강하게 요구해도 된다.
주로 속성을 요구하는 경우가 많다.

| 요일 던전 정의 |

○ 성장에 필요한 주요 아이템이나 재화를 주는 곳이다.

○ 매일 접속을 유도하기 위해 요일마다 다른 보상을 준다.

Mob_LV	3	5	6	8	10	11	13	15	17
Mob_Name	어스윔	자이언트비	라바	라지윔	비퀸	골드 어스윔	스퀴럴	미녜스	레드비
Mob_Defense	0	4	6	8	12	16	20	22	26
Mpb_HP	40	70	110	150	140	150	200	220	210
Mob_사정거리	1	2	1	1.2	2	1	1.5	6	2
Mob_Damage_Max	12	10	15	20	30	35	40	40	45
Mob_Damage_Min	1	2	3	10	15	25	30	30	35
Mob_딜레이 타임	2	2	2	2	2	2	1.5	2	2
Damage _Max	83.33	82.00	81.33	80.67	79.33	78.00	76.67	76.00	74.67
Damage _Min	78.67	77.33	76.67	76.00	74.67	73.33	72.00	71.33	70.00
Critical_Damage_Max	104.17	102.50	101.67	100.83	99.17	97.50	95.83	95.00	93.33
최소타격수_크리티컬	0.38	0.68	1.08	1.49	1.41	1.54	2.09	2.32	2.25
최소타격수	0.48	0.85	1.35	1.86	1.76	1.92	2.61	2.89	2.81
최대타격수	0.51	0.91	1.43	1.97	1.88	2.05	2.78	3.08	3.00
캐릭터/적 사정거리차 (선제공격 가능성)	3	2	3	2.8	2	3	2.5	- 2	2
캐릭터/적 딜레이비 (적 1회당 캐릭터 공격수)	1.33	1.33	1.33	1.33	1.33	1.33	1.00	1.33	1.33
Dagaga_Max									
건틀렛 타격시의 Damage	8.00	6.67	10.00	13.33	20.00	23.33	26.67	26.67	30.00
갑옷 타격시의 Damage	8.00	6.67	10.00	13.33	20.00	23.33	26.67	26.67	30.00
투구 타격시의 Damage	8.00	6.67	10.00	13.33	20.00	23.33	26.67	26.67	30.00
바지 타격시의 Damage	8.00	6.67	10.00	13.33	20.00	23.33	26.67	26.67	30.00
신발 타격시의 Damage	8.00	6.67	10.00	13.33	20.00	23.33	26.67	26.67	30.00
데미지 감소율	0%								
건틀렛 최종 Damage	8.00								

MMORPG 몬스터 데이터

8 몬스터 배치 시 주의점

역시 가장 중요한 것은 유저의 전투력을 고려하여 그와 비슷하게 혹은 약간 약하게 몬스터를 배치하는 것이다. 주의할 점은 전투력은 그저 산술적인 값에 불과하므로 몬스터들의 상태 이상이나 특수 스킬 등을 포함할 때 생기는 난이도 차이까지 생각할 순 없다는 것이다. 그래서 가장 추천하는 방법은, 일단 전투력 기준으로 몬스터를 배치한 후, 지속적인 테스트를 통해 정말 난이도가 맞는지를 확인하는 것이다. 레벨 디자인에는 왕도가 없어서, 오직 테스트만이 방법이다.

9 주차장의 발생

유저는 매우 똑똑해서 어느 지역에서 플레이하는 것이 가장 시간 대비 효율이 높은지를 금방 찾아내 그곳만 반복 플레이한다. 이것을 속칭 주차장이라고 한다.

게임 회사는 무엇이고 기획자는 무엇인가?

이렇게 유저 성장 수준에 따른 주차장이 있기 마련인데 레벨 디자인 기획자 입장에서는 다양한 던전을 즐겨주길 바라는 마음으로 밸런스 패치를 통해 주차장을 없애려는 경우가 있다. 그러나 이것은 룰 안에서 유저가 찾은 편리함이기 때문에 그대로 인정하는 것이 좋다. 강제로 다른 곳을 플레이하도록 한다면 유저는 불편함을 느끼고 떠날 수도 있다. 유저가 주차장에서 플레이하는 것을 인정하고, 오히려 누적 플레이에 대한 보상을 추가로 얻을 수 있도록 해준다면 유저는 주차장으로 최대의 효율을 뽑아내며 게임을 계속할 것이다.

⑥ 경제: 유저가 계속 플레이하게 만드는 힘

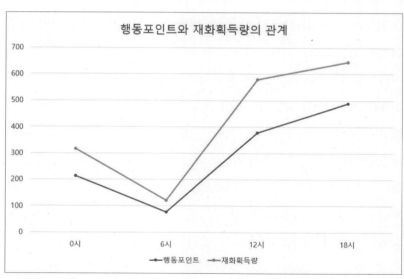

시간별 재화 획득량

게임에서 얻을 수 있는 모든 보상 및 유저에게 판매하는 모든 것의 가격을 기획한다. 보상이 적절하면 유저는 캐릭터를 성장시켜나가며 게임을 지속해서 플레이하는 힘이 된다. 또한 수익 모델의 적정한 가격은 유저가 플레이를 위한 과금을 하게끔 만든다. 경제 밸런스를 기획할 때 가장 기본이 되는 것이 전투 때 사용되는 행동 포인트로, 앞의 차트와 같이 유저의 행동 포인트 획득량을 확인하여 전투 횟수를 예측, 그에 따른 보상을 결정한다. 참고로 던전의 난이도가 높을수록 행동 포인트의 소모가 많으며 보상의 획득량도 많다.

▮ 시간과 전투력을 기준으로 설정

얼마의 시간을 들여서 몇의 전투력을 가진 캐릭터 혹은 아이템을 얻을 수 있는지 정의하고 그것을 바탕으로 설계한다. 가령 유저가 게임에 2시간 접속한다고 가정했을 때, 그 시간이 끝나면 뭔가 얻게 해줘야 한다. 그래야 다시 접속하고 싶은 마음이 들 테니까. 여기서 보상의 등급이 나뉘게 된다. 유저가 만족할 수 있는 것이면서도 게임의 밸런스를 크게 해치지 않는 것. 이를 위해 재화가 나뉘고 보상 종류가 나뉘게 된다.

▮ 경제 밸런스 디자이너에게 필요한 능력

보상은 유저가 노력한 만큼 정확히 지급되어야 한다. 보상이야말로 유저가 게임을 하는 두 번째 이유이기 때문이다. 유저의 노력을 알 수 있으려면 전체 시스템에 대해 정확히 알고 있어야 하며, 캐릭터의 성장 곡선 역시 숙지하고 있어야 한다. 이를 바탕으로 적절한 곳에서 보상을 얻을 수 있도록 설계해야 한다.

게임 회사는 무엇이고 기획자는 무엇인가?

보상이 너무 적거나 많으면 안 되므로 유저가 레벨 대에 따라 시간당 얼마의 보상을 얻을 수 있는지 예측도 가능해야 한다. 수익 모델도 경제 파트의 일이므로 유저가 가장 원하는 구매 상품을 기획하고 적절한 가격에 판매해야 한다. 이를 위해서는 게임 플레이 데이터 분석 능력도 필요하다.

| 경제 밸런스에 필요한 능력 |
- 캐릭터, 아이템 등의 가격 산출 능력
- 플레이에 따른 재화 수집을 예측할 수 있는 능력
- 유료 모델에 대한 이해
- 플레이 데이터를 분석할 수 있는 능력

경제 밸런스는 능력을 키우기 위한 방법이 딱히 정해져 있지 않다. 경제 밸런스를 맞추기 위해서는 완전하게 실행되는 게임이 있어야 하며, 심지어 서비스 중이어야 실제로 얼마를 버는지에 대한 예측이라도 가능하다. 따라서 이미 서비스 중이며 매출이 일어나는 게임을 대상으로 역으로 경제 밸런스를 맞춰보며 연구하는 수밖에 없다.

| 경제 밸런스 디자이너에게 필요한 능력을 키우기 위한 방법들 |
- 가격 산출 능력을 위한 최소 중학교 수준의 수학 공부
- 유료 모델에 대한 이해를 위해 타 게임 유료 재화 구입 및 실제 효과 체감
- 게임 수입 지출 설계를 위해 사회의 돈의 흐름을 연구

3 경제 밸런스 구현 과정

경제를 구현하기 위해서는 먼저 보상부터 설계가 끝나야 한다. 보상은 유저 플레이 타임을 예상하여 그것을 바탕으로 진행한다.

- 유저 플레이 시간을 바탕으로 획득 재화량 산출
- 그에 따른 적절한 캐릭터, 아이템 가격 지정
- 유저 플레이 패턴 분석 및 그에 따른 유료 모델 기획

4 유저가 좋아하는 보상의 단계

모바일 RPG는 특히 전투가 중요하므로, 전투에서 활약할 수 있는 고급 캐릭터가 가장 인기 있다. 그다음은 캐릭터를 소환할 때 필요한 재화인 젬(gem: 보석), 고급 장비, 경험치, 골드 순이다. 이것을 얼마나 적절하게 배합하여 유저가 계속해서 게임에 접속하도록 하는지가 중요하다.

5 모바일 RPG의 주요 보상은 경험치

2시간 플레이한 유저에게 주는 보상으로 가장 중요한 보상인 고급 캐릭터나 젬을 주기에는 부담이 있다. 그래서 보통 경험치나 골드를 준다. 경험치는 그냥 주면 티가 나지 않으므로 소환에서 가장 많이 나오는 등급의 캐릭터가 2시간 플레이 시 최고 레벨을 달성할 정도의 양을 준다.

6 골드 재화는 흔하지만 강력

골드는 게임에서 가장 흔하지만 그만큼 기본이 되는 재화다. 게임 내에서 경제적인 활동, 캐릭터나 아이템을 구매하거나 캐릭터의 스킬을 익히는 등 모든 것에 골드가 사용된다. 획득은 게임 곳곳에서 다양하게 이루어지지만, 소비는 모바일 RPG에서 가장 중요한 캐릭터의 성장에 집중된다.

⑦ 경제는 젬 기준으로

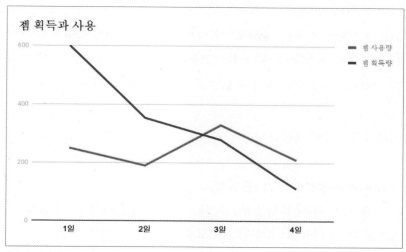

젬 획득과 사용

골드는 흔한 재화이기 때문에 결국 인플레이션이 일어나는 것을 막을 수 없다. 그래서 고급 캐릭터를 획득할 때 필요한 재화는 별도로 설정해야 하는데 이것이 젬이다. 젬으로 고급 캐릭터를 획득할 수 있는 소환을 돌리거나 중요한 장비를 산다. 결국 경제는 젬 수급에 영향을 받게 된다. 결론적으로 젬의 양을 조절하는 것이 경제를 설계하는 기본이 된다.

⑧ 수익 모델

수익 모델은 크게 강함, 꾸밈(수집), 편리의 세 가지로 나뉜다. 강함은 고급 캐릭터나 장비를 얻어 강해져서 더 강한 몬스터를 쓰러트릴 수 있는 힘이다. 모바일 RPG는 캐릭터 성장이 중요하므로 강해지기 위해 돈을 쓰는 유저가 많다.

꾸밈은 유저 자신이 시각적인 만족을 위해 캐릭터나 장비, 배경을 꾸미는데 지불하는 것이다. 대표적인 것은 캐릭터 스킨. 편리는 게임을 더 쉽고 편리하게, 원하는 플레이를 할 수 있도록 돕는 것으로, 정해진 플레이 횟수를 모두 소모한 후에 추가 횟수를 구매하거나, 긴 시간이 소요되는 모험을 젬을 사용하면 즉시 끝낼 수 있는 기능을 말한다.

⑨ 수익은 강함에서

유저는 강해지기 위해 돈을 쓰는 것이 보편적이다. 다른 수익 모델은 여기에 곁가지로 붙어있다고 해도 과언이 아니다. 주의할 점은 돈만 쓴다고 무조건 강해지게 만들면 밸런스가 파괴되어 게임의 수명을 크게 단축하는 원인이 된다. 일반 유저도 시간을 들이면 과금 유저를 충분히 따라잡을 수 있을 정도로 강해지는 것이 좋다. 만약 강함 이외에도 작동하는 좋은 수익 모델들이 있다면 게임이 성공할 확률이 높다.

게임 회사는 무엇이고 기획자는 무엇인가?

처음으로
게임을 만들다

첫 회사는 온통 낯선 것 투성이었다. 첫 출근날 카드키가 없어서 문 앞에서 30분을 기다려야 했다거나, 시키는 일마다 어떻게 해야 할지 몰라 허둥대던 일, 회의 시간에 무슨 말을 하는지 전혀 이해를 못 해 전부 받아적은 일 등 지금 생각하면 다 추억이지만 당시에는 이대로 회사생활을 할 수 있을까 하는 걱정이 많았다. 그러자 팀장이 처음부터 모든 걸 잘할 수는 없다며, 회사에서 진행하는 프로젝트와 비슷한 게임들을 분석하면서 나라면 어떻게 만들까, 다른 개발자들에게 무엇을 만들어달라고 할까를 고민해 보라고 주문했다. 실제로 이건 효과가 꽤 있었고 덕분에 기획이 무엇인지 조금씩 알아가게 되었다.

당시 처음 맡은 프로젝트는 XBOX라는 콘솔 게임기를 기반으로 한, XCORE 라는 액션 게임 개발이었다. 영웅본색으로 유명한 존 우(오우삼) 감독과 계약을 맺고 제작했는데 내가 맡은 일은 시나리오와 캐릭터 설정, 그리고 레벨 디자인이었다. 글 쓰는 걸 좋아하기도 하고 첫 게임인 만큼 꼭 성공시키고 싶은 욕심도 많아서 시나리오를 열심히 썼던 기억이 난다. 설정이 어느 정도 완성되자 그것을 바탕으로 캐릭터가 뛰어다닐 맵을 모눈종이에 그려보았다. 스스로 꽤 잘했다고 생각했지만 배경 모델러에게 보여주자 맵이 너무 현실적이지 않다고 퇴짜를 맞았다. 충격받은 내가 인정하지 않자, 그는 잠시 기다리라더니 맵 일부를 즉석에서 만들어서 보여주었다. 내가 종이에 그린 그림이 모니터 안에서 실제로 구현되니 너무 신기했다. 하지만 그런 기쁨도 잠시, 실제로 맵을 돌아다녀 보니 너무 복잡해서 게임하기에는 부적합했다. 지금 생각해보면 그는 정말 좋은 사람이었던 것 같다. 신입 기획자의 고집을 순순히 받아들여서 직접 보여줬으니까. 그 이후로 나는 기획을 할 때 항상 작업자와 함께 얘기하면서 진행하게 되었고 실제로 큰 효과가 있었다. 그렇게 시행착오를 겪어가면서 열심히 만들었지만 6개월 후 프로젝트가 드롭된다. 겉으로는 계약에 의견 차이가 생겨서 그랬다고는 하지만 회사에 돈이 떨어진게 아니냐는 소문이 무성했다. 당시의 나는 게임을 만들 수 있다는 것에 감사하고 있었기에 팀원들이 너무 돈만 밝히는 것처럼 보였다. 하지만 그건 정말 잘못된 생각이었다는 것을 이후에 알게 된다.

의욕적으로 시작한 첫 프로젝트가 그렇게 무산되자 나는 머리가 하얘져서 어떻게 해야 할지 도무지 감을 잡을 수가 없었다. 나를 데려왔던 팀장은 같이 이직하자고 했지만 나는 첫 회사를 그렇게 간단히 버릴 수 없었다. 아직 이룬 게 아무것도 없었기 때문이었다. 팀장을 비롯한 중견 개발자들이 대부분 떠난 후 나는 아크 온라인이라는 MMORPG 개발팀에 재배치되었다. 회사는 게임뿐만 아니라 3D 애니메이션도 제작하고 있었는데, 애니메이션 개봉에 맞춰 게임도 오픈한다는 계획을 세워두고 있었다. 콘솔을 만들다 와서 MMORPG는 생소했지만 최대한 빨리 적응하기 위해 노력했다. 여기서 맡은 일은 시나리오, 레벨 디자인, 그리고 스킬 일부 제작이었다. 비록 망했지만 시나리오와 레벨 디자인은 경험이 있어서 금방 적응했다. 문제는 스킬이었는데 어떻게 만들어야 할지 전혀 몰랐다. 당시 프로젝트는 CBT를 앞두고 있어 매우 바빴고 도움을 요청할 사람도 없어서 스스로 알아서 해야 했다.

어느 날 회사 전체에 메일이 왔다. 이번 달 월급은 조금 늦어질 거라는 것이었다. 팀원들은 CBT 준비에 지치고 힘들었기에 월급 밀리는 것에 크게 신경

게임 회사는 무엇이고 기획자는 무엇인가?

MMORPG 아크 온라인

쓰지 않는 듯 했다. 게임만 공개되면 투자가 들어올 것이고, 그러면 밀린 월급은 물론 보너스까지 받을 수 있다는 사장의 말을 믿은 것도 있었다. 실제로 사장은 투자를 받기 위해 여기저기 뛰어다니고 있었는데, 퍼블리셔가 방문이라도 하면 개발자들은 일제히 모니터에 게임에서 가장 멋진 장면을 띄워놓으면서 열심히 일하는 척했다. 아니, 실제로도 열심히 일하고 있었다. 많이 힘들었을 뿐. 그렇게 어려운 시간을 보내고 마침내 CBT가 진행됐다. 팀원들이 서버 프로그래머 자리에 모여서 유저가 들어올 때마다 환성을 질렀다. 광고가 안 됐음에도 불구하고 꽤 많은 유저가 들어와 줬고 게임을 즐겨줬다. 나는 그때 처음으로 내가 만든 게임을 유저에게 보여줬고 그 기쁨이 얼마나 큰 것인지 직접 깨달았다. CBT의 고무적인 결과에 모두 들떠있었고 이제는 밀린 월급은 물론 보너스까지 두둑히 나올테니 어디에 써야 할지 고민하는 팀원들까지 생겼다.

그리고 며칠 후 회사는 월급이 밀리기 시작했다.

모바일
게임이
만들어지는
과정

Part

02

프리
프로덕션

댄스 게임 제안서

게임을 만들기 위해서는 많은 자본과 인력, 시간이 필요하다. 이렇게 대규모로 움직이는 것은 한 번 방향을 잘못 잡으면 되돌리기도 어렵다. 그래서 게임에서 가장 중요한 재미를 최대한 적은 노력으로 최대한 빠르게 확인할 필요가 있다. 그것을 프리 프로덕션이라고 한다.

프리 프로덕션 단계에서는 프로젝트 시작을 위한 제안서, 이를 구체화한 프로토타입, 그리고 정식 프로젝트로 인정받기 위한 허들로 이뤄져 있다.

① 프로젝트 제안

게임을 만들기 위해선 당연하게도 무엇을 만들지부터 정해야 한다. 슈팅, RPG, 시뮬레이션, 퍼즐 등 장르도 다양하며 자신이 갖춘 개발력과 현대 트렌드, 개발비, 서비스 후 얻게 될 수익 등을 복합적으로 고려해야 한다. 무엇을 만들지 정했다면, 그것을 육하원칙에 따라 문서화한 후 투자자 혹은 회사를 상대로 제안을 해야 한다. 이것을 프로젝트 제안이라고 한다. 물론 혼자 개발하거나 본인이 사장이라면 제안할 필요가 없으므로 주로 회사에 소속된 경우에 해당한다.

■ 회사에 프로젝트 제안하기

프로젝트는 누구나 제안할 수 있지만 회사에서는 되도록 성공적으로 완성이 가능한 프로젝트를 원한다. 그렇기 때문에 프로젝트를 성공적으로 론칭하고 라이브 서비스까지 안정적으로 진행한 팀장에게 기회를 주는 편이다. 가끔 회사에서 특별히 스카우트해온 사람에게 기회를 주기도 한다. 어느 쪽이든 회사에 프로젝트 제안서를 제출하여 통과되어야 시작할 수 있다.

| 프로젝트 제안이 성공할 수 있는 조건 |

○ 제안서만 봐도 어떤 게임이 만들어질지 예상될 것
○ 게임이 재미있고 상업적으로도 성공 가능할 것
○ 회사가 신작을 만들 수 있는 상황일 것
○ 제안자의 실력을 회사가 믿는 경우

② 제안서는 육하원칙에 따라

제안서의 최종 목표는 개발해도 좋다는 승인을 받는 것이다. 승인 권한을 가진 사람은 회사에서 높은 자리에 있을 것이고, 당연히 많이 바쁠 것이다. 그래서 제안서는 보자마자 바로 파악이 가능하도록 명료해야 하며, 내용상으로 빠진 것이 없어야 한다. 육하원칙에 따라 쓰면 누락된 부분 없이 작성할 수 있으며 승인을 받을 가능성이 커진다. 아래는 회사에 댄스 게임을 제안한다고 가정하고 작성한 내용이다.

③ Why. 왜 만드는가?

프로젝트를 왜 해야 하는지에 대한 이유가 가장 먼저 나온다. 시선을 바로 끌 수 있는 인상적인 제목과 문구, 거기에 맞는 이미지를 삽입하여 문서를 읽고 싶게 만들어야 한다. 만약 결정권자의 관심을 끌 수 있으면 절반은 성공이다. 이유는 세 가지 정도로 정리하여 작성한다.

| 댄스 게임을 제안하는 이유 세 가지 |
- K-POP의 세계적 인기를 모바일로 재현함
- 살아 움직이는 듯한 애니메이션으로 댄스를 표현함
- 메인 개발자는 섭외 단계이며 자체 엔진 사용하여 2년이면 완성

④ What. 무엇을 개발하는가?

왜 만들어야 하는지 얘기했으면 그것을 위해 무엇을 개발하는지에 대해서도 중요한 내용을 세 가지 정도로 요약한다. 프로젝트 통과의 리스크처럼 보여도 정직하게 작성해야 한다.

모바일 게임이 만들어지는 과정

| 댄스 게임 개발에 필요한 세 가지 요소 |

○ 댄스 모션 캡쳐

○ 자체 엔진 R&D

○ 매력적인 캐릭터를 수집하고 활용할 수 있는 게임 시스템

5 Who. 누가 개발하는가?

우선 본인에 대한 소개를 먼저 한다. 위에서 언급한 것처럼 회사에서
는 개발력이 검증된 사람의 제안을 환영하기 때문이다. 무엇을 만들었
고 어떤 능력을 갖추고 있는지 어필한 후, 필요한 팀원 리스트를 작성한
다. 만약 개발 참여가 확정적인 팀원이 있다면 이름과 함께 간단한 경력
을 쓰는 것도 좋을 것이다. 인원 충원에 대한 질문이 나올 수 있는데 그
에 대한 준비도 해둬야 한다.

기획	콘텐츠 1명, 시스템 1명
프로그래머	클라이언트 1명, 서버 1명
원화	캐릭터 원화 1명, 배경 원화 1명
모델러	캐릭터 모델러 1명, 배경 모델러 1명
애니메이터	캐릭터 애니메이터 1명
UI	UI 디자이너 1명
이펙터	이펙터 1명

파트별 구성과 인원

이렇게 팀이 구성될 때 처음부터 합류하는 팀원은 제안자와 같이 일
해본 적이 있는 경력자인 경우가 많다. 제한된 시간 내 바로 만들어서 가
능성을 보여줘야 프로젝트가 유지될 수 있기 때문이다. 만약 신입이라
면 개발이 한창 진행 중이어서 인원이 더 필요한 곳에 추가 투입을 노리
거나 라이브팀에 지원하는 게 가능성이 높다.

⑥ Where. 어디서 개발하는가?

회사에서는 사무실에서 개발할 것이므로 해당 사항이 없겠지만, 개인이 개발하거나 사무실이 없는 경우 언급해 두어야 한다. 정부에서 지원하는 스타트업 사무실에 입주 지원을 한다거나 따로 사무실을 얻을 계획을 설명해야 한다.

⑦ How. 어떻게 개발하는가?

타자치기 게임 캐릭터 판매 상점

기획에서 시작해서 구현으로 끝나는 과정을 스케줄 양식으로 작성한다. 처음에 어떻게 프로토타입을 만들지 정하고, 이후 매스 프로덕션에서 무엇을 어떻게 만들지 설정한다. 리소스는 어떤 것이 필요하며 구현엔진은 어떤 것을 사용하는지, 그에 따른 결과물은 언제쯤 어느 수준으로 나오는지 등을 작성한다.

8 When. 언제까지 개발하는가?

게임을 만드는 데에는 돈이 필요하다. 따라서 되도록 짧은 시간에 만들어내는 것이 중요하다. 구체적인 계획을 세울 순 없지만, 어느 정도 시간이 걸릴지를 작성한다. 프리 프로덕션, 매스 프로덕션, 폴리싱, 릴리즈의 4단계로 나누는 것이 가장 보편적이다.

9 상업적 성공 가능성

회사는 돈을 벌어야 하므로 제안된 프로젝트가 이익을 가져다줄 수 있는지를 가장 중요하게 본다. 따라서 제안서에는 어떻게 돈을 벌 수 있는지에 대한 내용이 있어야 한다. 너무 구체적일 필요는 없으며 주요 수익 모델이 무엇인지에 대한 언급만 있으면 된다.

10 제안서 이외의 것

제안서만으로는 통과가 어렵다고 생각될 경우 간단한 데모 버전을 만들어 함께 제공하는 것도 좋은 방법이다. 게임 회사는 말보다 게임이다. 게임을 만들어서 보여주는 것이 가장 효과적이다. 게임을 만들 수 있는 다양한 툴이 있으므로 개념을 잡을 수 있을 정도로 개발하여 같이 제출하자.

11 제안서 검수

제출된 제안서는 제안자가 소속된 팀에서 가장 높은 사람, 예를 들어 디렉터를 통과한 후 실장에게 올라간다. 거기서도 통과되면 최종적으로 본부장이 주재하는 회의에서 결정된다. 이 회의에 참여한 실장들은 각자 기획, 프로그램, 그래픽 출신이며 당연히 사업부에서도 참가한다. 제안자가 프리젠테이션을 하며 결과는 즉시, 혹은 며칠 걸려서 통보된다.

| 프로젝트 제안 과정 |

○ 제안자는 프로젝트 하나를 마치고 회사에 차기작을 제안하기로 함.

○ 당시 모바일이 대세였지만 TPS 장르는 거의 없었기에 그것을 소재로 함.

○ 제안서를 만들어 팀원들에게 PT, 피드백을 받은 후 수정, 담당 임원에게 보고함.

○ 몇 번의 리테이크 끝에 통과.

○ 신규팀이 생기면 합류할 팀원들의 도움을 받아 간단한 시연 버전을 제작.

○ 프로젝트 제안 결정 회의 열림. 최고 임원 등이 참석.

○ 제안자는 PT를 하면서 프로토타입을 선보임.

○ 회의 후 일주일 내 결과 통보.

○ 승인 시 팀 세팅, 탈락 시 다시 제안.

② 프로토타입에서 갖춰야할 요소

모바일 격투 리듬 게임 <4 Fighters> 프로토타입 개발

모바일 게임이 만들어지는 과정

제안이 통과되면 드디어 임시 팀이 세팅된다. 아직 정식이 아닌 이유는 게임의 본격 개발(매스 프로덕션)에 들어갈 정도로 성공 가능성이 확실하지는 않기 때문이다. 일단 임시 팀으로 만들고 가볍고 빠르게 게임의 일부를 만들어 재미를 확인하는 과정을 거치고 나서야 정식 팀이 될 수 있다. 이렇게 먼저 간단히 게임을 만들어 보는 것을 프로토타입이라고 한다. 프로토타입은 프리 프로덕션에서 가장 중요한 단계다.

■ 프로토타입에서 갖춰야 할 점

회사는 언제까지나 기다려주지 않는다. 따라서 프로토타입은 적은 인원으로 빨리 만들 수 있어야 한다. 구체적인 기획도 필요 없고 팀원들과 모여 더미 리소스와 데이터를 이용해 하드 코딩으로 재빠르게 만든다. 언뜻 보면 쓸모없는 작업을 하는 것 같지만 나중에 벌어질지도 모르는 큰 시행착오를 겪지 않게 막아주는 방패 역할을 한다.

| 프로토타입에서 중요한 것 |
- ○ 적은 인원으로 최대한 빨리 만든다.
- ○ 재미있어야 한다.
- ○ 게임 완성 시 어떻게 될지 예측 가능해야 한다.

가장 중요한 것은 재미가 있어야 한다는 것이다. 재미없는 프로토타입은 만들 의미가 없다. 왜 이 게임을 만들어야 하는지 어필하는 것이므로 재미 요소를 확실히 보여줘야 한다.

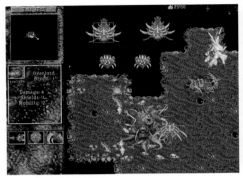

스타크래프트 과거와 현재

２ 프로토타입 제작의 장단점

게임을 만들기 위한 파트별 인재가 어느 정도 구해지면 프로토타입을 만들게 된다. 즉, 이것은 팀이 세팅되고 가장 먼저 하게 되는 일이다. 프로토타입의 장단점은 다음과 같다.

| 프로토타입의 장점 |
- 어떤 게임을 만드는지 팀 내부는 물론, 공개될 경우 외부에도 명확히 한다.
- 팀워크를 맞춰볼 수 있다.

프로토타입을 만들면 어떤 게임을 만들려고 하는지 바로 알 수 있다. 이것은 외부적으로는 팀에서 어떤 게임을 준비하고 있는지를 쉽게 알려 줄 수 있고 내부적으로는 팀원들에게 공통의 목적의식을 갖게 할 수 있다. 직접 플레이해 보면서 게임의 장단점을 바로 알 수 있기에 앞으로 무엇을 해야 할지 명확해진다. 또한 팀의 개발력을 확인해 볼 수 있다. 인재들만 모았다고 하더라도 같이 작업하는 것은 처음이기 때문에 여러 가지 어려움이 뒤따른다. 프로토타입은 이것을 극복하고 만들어낸 결과물이며 팀원들의 협업 수준을 바로 확인할 수 있는 척도가 된다.

모바일 게임이 만들어지는 과정

따라서 앞으로의 구인과 스케줄 산정은 프로토타입을 기반으로 설정할 수 있다. 다만 단점이 아예 없는 건 아니다.

| 프로토타입의 단점 |
- 사용된 코드와 리소스를 버릴 경우 개발 기간이 낭비된다.

프로토타입을 잘못 만들었을 경우 개발에 사용된 시간이 모두 버려지는 사태가 발생한다. 잘 만들었다고 해도 프로토타입을 보고 디렉터의 생각이 바뀌거나 완전히 새로 만들자는 분위기가 될 경우 역시 시간을 버리게 된다. 이렇게 되지 않으려면 프로토타입을 유지하면서 지속된 반복 개발로 개선해 나가는 것이 가장 좋다.

③ 허들

프로토타입도 잘 넘기고 이제 정식 팀이 되는가 싶었지만 현실은 그렇게 녹록하지 않다. 회사에서는 프로젝트가 잘 개발되고 있는지, 문제는 없는지 계속 확인하고 싶어 한다. 그래서 일정 기간마다 확인하는 과정이 있는데 이것을 허들이라고 부른다. 몇 번의 허들을 통해 개발력과 비전을 인정받으면 정식 팀이 되어 본격 개발에 들어간다.

■ 허들 준비하기
허들은 회사에서 개발 상황을 체크하는 것이므로 현재 어디까지 개발이 되었는지를 알 수 있는 자료가 필요하다. 가장 좋은 것은 플레이 버전이고, 그것이 여의치 않다면 동영상으로도 만들 수 있다.

그리고 앞으로 어떤 과제가 남았는지, 예정은 어떻게 되는지 마일스톤을 만들어 보여준다.

| 허들 준비 |
- ○ 현재 구현 중인 버전의 플레이 혹은 동영상 준비
- ○ 프레젠테이션
- ○ 질의응답
- ○ 허들 통과 여부 확인

허들을 통과하면 다음 허들 때까지 개발을 계속할 수 있다. 반면에 떨어지면 다시 준비해서 도전해야 하며 그것이 몇 번 반복되면 심할 경우 프로젝트가 드롭될 수도 있다. 허들은 회사가 개발사의 상태를 확인하고 대응할 수 있다는 장점이 있지만 반대로 개발자들은 허들을 반드시 통과해야 하기 때문에 게임을 화려하게 만들기 위한 임시 코드를 집어넣거나 한 번만 쓰고 버리는 그래픽 리소스를 만들어내는 등 부작용도 만만치 않다.

② 허들 단계별 목표

모든 허들이 이렇지는 않겠지만 가장 대표적인 단계는 아래와 같다.

허들 단계	목표 및 내용
1	팀 세팅 후 최초로 개발된 프로토타입. 캐릭터가 맵을 돌아다니며 공격을 할 수 있는 수준. 리소스는 아직 더미라서 그래픽 퀄리티가 뛰어나지는 못하다.
2	전투의 약 50% 정도 골격이 완성된 상태다. 속성과 스킬 일부가 구현되어 기본적인 공방이 되고 전투의 시작과 끝이 명확하다.
3	전투는 약 80% 정도 완성되었다. 장비를 장착하고 활용할 수 있으며 간단한 캐릭터 성장이 가능하다.
4	전투가 완전히 작동하고 그 외 캐릭터 성장, 상점, 퀘스트 등 대부분의 플레이가 가능하다.

허들 단계

모바일 게임이 만들어지는 과정

몇 번의 허들 통과 후 정식 팀이 되어도 허들이 없어지진 않는다. 처음에는 프로젝트 진행 여부에 관한 확인이었다면 그 다음부터는 안정적으로 서비스할 수 있는가, 수익 모델은 문제없는가 등 시기에 맞는 확인이 계속 이어진다. 그래서 오래된 프로젝트라도 안심할 수 없다. 시장은 더욱 냉혹하기 때문에 회사에서는 최대한 좋은 퀄리티로 내보내려고 하는 것이다.

③ 외부 공개

쿠키런 지하철 광고

게임을 완성하지도 않고 이제 막 시작 단계인데 벌써부터 외부 공개인가 싶기도 하겠지만, 유저에게 지속적으로 관심과 사랑을 받는 것도 게임 회사로서는 중요한 일이다. 또한 신작을 통해 외부 투자 유치를 끌어내는 것도 회사에 따라 중요한 일이므로 프로젝트가 정식으로 시작되었다면 외부에 알리는 것도 선택해볼 수 있다.

| 개발 단계부터 외부에 공개하는 이유 |

○ 프로젝트가 정식으로 시작됐다는 것을 외부에 알려 유저의 기대와 관심 유도

○ 투자 유치

○ 개발자 구인

외부 공개는 팀의 입장에서도 좋은 일인데, 앞으로 어떤 게임을 만들지 다시 한 번 명확히 하는 기회가 될 수 있기 때문이다. 다만 문제점은 외부 공개를 너무 공들여 준비할 경우 실제 개발기간에 영향을 준다는 것이다. 이 부분은 적당한 조율이 필요하다. 프로젝트를 외부에 홍보함으로써 좋은 인재를 끌어올 수 있다는 것도 장점이다.

| 외부 공개 행사 준비 과정 |

○ 외부 영상 공개용 콘티 초안 제작

○ 영상 제작 업체와 미팅. 개발팀과 업체가 어떤 일을 분담할지, 영상 분량과 사운드 등을 결정

○ 개발팀, 업체 협업하여 영상 제작

○ 대본에 따라 보이스 녹음

○ 영상 러프 버전 공유. 수정 사항 확인

○ 위 과정 반복하며 영상 제작 완료

○ 프레젠테이션 준비

○ 매스컴 초대 및 행사 준비

새로운 회사로
이직하다

팀은 더 이상 일하지 않았다. 출근 시간을 훌쩍 넘겨 도착한 회사에는 게임을 하거나 다음 회사에 보여줄 포트폴리오를 만드는 사람뿐이었다. 프로젝트가 드롭되고 회사가 망하면 이렇게 되는구나. 첫 회사의 경험은 너무나 아프고 강렬했다. 그렇다고 손놓고 가만히 있을 순 없었다. 사람이 죽으란 법은 없는지, 이런 가운데에서도 기쁜 소식이 날아왔다. 회사를 다니면서 틈틈이 쓴 게

한빛소프트 주최 오지콘테스트에서 시나리오 대상을 수상(맨 오른쪽)

임 시나리오가 공모전 대상을 받은 것이었다. 기쁜 마음에 상금으로 팀원들에게 밥을 샀지만 잘 넘어가지 않았다. 나는 다른 팀원들처럼 이직할 곳을 알아보기 시작했다. 예전 팀장이 자기에게 오라고 했지만 이제는 스스로 독립하고 싶었다.

여러 회사 중 S사가 눈에 띄었다. 창세기전을 비롯한 유명 게임을 만들어낸, 국내의 살아있는 전설 같은 곳이었다. 시나리오 대상을 받아서인지, 아니면 원래 두려움을 몰랐던 것인지 지원서를 냈다. 시나리오 시상식이 끝나고 부상으로 미국 GDC를 견학할 수 있게 되었다. 나는 회사에 휴가를 내고 (의미도 없지만) 인천공항으로 갔다. 처음 가보는 미국. 회사는 어렵지만 그래도 두근두근했다. 출국심사장에 줄을 서서 기다리는데 전화가 왔다.

"안녕하세요. 면접 때문에 전화드렸습니다."

나는 최대한 공손하게, 지금 출국 대기 중이라 다녀와서 전화 드리겠다고 했다. 약 일주일 정도 걸릴 것 같다면서 무슨 뱃심인지 여유까지 부렸다. 속으로는 제발 다른 사람에게 연락하겠다고 하지 않기를 바라면서. 그리고 귀국 후 바로 찾아갔다.

회사는 강남에 있었다. 역삼역으로 이어지는 언덕길을 열심히 올라가니 비교적 번듯한 건물이 나타났다. 문득 졸업 후 처음으로 찾아갔던 게임 회사가 생각났다. 더워서 벗었던 양복을 다시 입은 후 넥타이를 한 번 고쳐 매고 안으로 들어갔다. 안내를 받아 회의실에 들어갔더니 나 말고도 두 명의 면접자가 더 있었다. 우리는 긴장된 얼굴로 나란히 앉았다. 잠시 후 실장과 팀장이 들어와 면접이 시작됐다. 각자 자기소개가 끝나자 경력에 대한 얘기가 나오기 시작했다. 두 사람은 경력이 나보다 길었다. 나는 이대로는 승산이 없다고 생각했다. 특히 창세기전을 비롯한 S사 게임들 얘기가 나오자 그들은 골수팬이라면서 당장이라도 사인을 받을 것처럼 적극적이었다. 나는 조용히 듣고만 있었는

모바일 게임이 만들어지는 과정

데 저렇게까지 하지 않아도 합격은 따놓은 당상이라서 그런 것이 아니라, 창세기전을 해본 적이 없어서였다. 이때 지원하는 회사에서 출시한 게임은 꼭 해봐야겠다는 생각이 들었다. 세 사람에게 질문을 마친 실장은 개발실을 보여주겠다며 사무실로 안내했다. 공간은 좁았지만 사람들이 모두 열심히 게임을 만들고 있었다. 특히 자리에 올라와 있는 피겨들과 애니메이션 포스터, 게임기 등이 여기가 진짜 게임 회사라는 느낌이 들게 해주었다. 실장은 우리를 개발 중인 게임 앞으로 불러 세운 후 말했다. 세 분 모두 괜찮으신 분들 같아서 고민이다. 과제를 내주면 혹시 할 의향이 있느냐. 그것 보고 판단하고자 한다. 우리는 모두 동의했다. 실장은 향후 콘솔 RPG에서 갖춰야 할 재미와 그에 따른 간단한 시스템 설계를 과제로 내주었다. 실장은 열흘의 기간을 주었지만 나는 밤낮으로 고민하여 3일 만에 끝내고 가장 먼저 제출하였다. 내용적인 면에서는 다른 사람들과 크게 차별화할 수 없을 것 같았고 뭣보다 면접관들이 감탄할 내용을 쓸 자신도 없었다. 대신 열심히 썼다는 것을 강조하기 위해 자료를 많이 첨부했고 시스템 문서에서는 프로그래머가 읽기 쉽도록 로직을 친절하게 풀어서 썼다. 그래픽 리소스 작업 리스트를 추가하는 것도 잊지 않았다. 그런 정성이 통했는지 최종합격하였고 마침내 꿈에도 그리던 곳에 출근할 수 있게 되었다.

내가 소속된 팀은 플레이스테이션2로 출시될 〈마그나카르타〉라는 RPG를 만드는 곳이었다. 팀원들은 당시 약 30명 정도였는데 모두 우수한 인재들이었다. 첫날부터 시스템 목록을 작성하면서 바로 업무에 투입되었다. 시스템 기획자로 입사한 거니 당연하다 생각했는데, 나중에는 전투, 아이템, 상점, 레벨 디자인 등 일이 닥치면 종류 가리지 않고 모두 해야 했다. 그중에서도 특히 전투 일이 많아서 출근하면 전투부터 처리하고, 야근할 때 다른 일을 하는 매일이 반복되었다.

언리얼 엔진을 써서 콘솔 게임을 만든다는 것은 생각보다, 아니 생각대로 쉽지 않았다. 하루가 어떻게 갔는지 모를 정도로 강행군의 연속이었다. 일이 정신없다 보니 기획서를 급하게 쪽대본처럼 임시로 쓰는 경우가 많아졌다. 그러던 어느 날 일본 퍼블리싱을 맡은 회사에서 찾아왔다. 그곳 책임자는 두꺼운 서류뭉치를 들고 들어왔는데 알고 보니 내가 쓴 기획서들이었다. 컬러로 인쇄한 문서에는 꼼꼼하게 하나하나 빨간 펜으로 체크해가며 기록한 메모로 빼곡했다. 책임자는 문서를 한 장씩 넘기며 회의를 진행했는데 쥐구멍이 있다면 얼른 뛰어들고 싶을 정도로 얼굴이 빨갛게 달아올랐다.

모바일 게임이 만들어지는 과정

02

매스
프로덕션

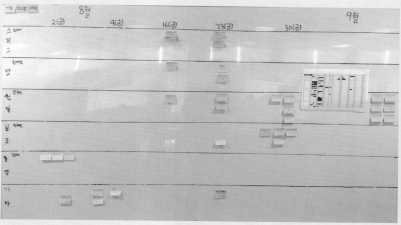

모바일 게임 스케줄 관리

몇 번의 허들 통과 후 회사는 가능성을 보고 정식 팀으로 만들어준다. 이제부터 본격적인 개발에 들어가면 된다. 어떤 과정으로 진행되는지 기획 기준으로 알아보자.

① 구인

바로 개발에 들어가고 싶지만 아직 개발자가 충분하지는 않을 것이다. 게임 개발은 좋은 인력을 얼마나 갖추고 있는가에 따라 좌우된다고 봐도 될 정도다. 사람을 구하는 것은 개발팀에게, 회사에게 매우 중요한 일이다.

구인 공고는 인재가 필요한 파트의 파트장이나 팀장이 양식을 작성하며 회사의 최종 확인을 거친 후 게임 구인구직 사이트나 자사 홈페이지에 게시된다.

예시 구인 양식	
직군	기획
채용 포지션	시스템 기획
담당 업무	신규 모바일 RPG의 시스템 기획 및 데이터 관리
자격 요건	1. 3년 이상 시스템 기획 업무 경력 있으신 분 2. 데이터 구조 설계에 대한 이해가 있으신 분 3. 중급 이상의 Office 활용 능력이 있으신 분 4. 게임에 대한 기본적인 이해와 제작에 열정이 있으신 분 5. 구성원 간 소통이 원활하신 분
우대 사항	1. 모바일 RPG 개발 및 서비스 경험이 있으신 분 2. Unity3D 경험이 있으신 분
지원 방법	1. 홈페이지 지원 2. 포트폴리오 제출 필수(공동 제작물인 경우 반드시 자신이 제작한 부분을 명확히 기재)

모바일 게임이 만들어지는 과정

언제 어느 파트의 인재를 구하는가는 프로젝트 스케줄에 영향을 받는다. 프리 프로덕션 단계에서는 많은 인원이 필요하지 않지만 본격적인 개발에 들어가는 시기에는 인력이 집중적으로 필요하다. 인재를 미리 확보할 수 있으면 프로젝트의 절반은 성공한 것이나 다름없다.

② 디렉션

구인도 어느 정도 끝났고 이제 본격적인 개발이 남았다. 팀원들과 구체적인 개발 계획을 세우고 그것을 구체화하여 작업하게 된다. 가장 먼저 확인할 것은 디렉터의 명확한 비전과 기준이다. 이미 프로토타입을 만들면서 정해졌겠지만 본격적인 개발이 들어갈 때 다시 한 번 확실히 해둘 필요가 있다.

디렉터가 아래와 같은 방향성을 제시했다고 가정해보자.

| 디렉터의 방향성 |
- 멋진 그래픽과 재미있는 이야기로 캐릭터에게 애정을 갖게 하고 싶다.

아직은 방향성이 좀 모호하다. 사실 어느 게임에나 갖다 붙여도 다 말이 되기 때문에 이것을 팀의 상황에 맞게 조금 더 구체화할 필요가 있다.

| 디렉션을 조금 더 구체화하기 |
- 얼굴에 다양하고 풍부한 감정을 담은 살아있는 캐릭터를 만든다.
- 메인 스토리는 물론 캐릭터마다 고유의 스토리가 있다.
- 전투는 자동이지만 회피기와 맵을 변화시킬 수 있는 오브젝트 장치로 조작을 유도한다.

디렉터는 최고의 캐릭터 일러스트와 애니메이션, 그리고 스토리로 유저가 캐릭터에 대한 애착을 갖게 하는 것이 중요하다는 것을 강조하고 있다. 그래서 약간 더 세부적으로 구체화했다. 이제 기획팀장은 구체적인 구현 목표를 잡는다. 디렉션 중 가장 마지막의 전투 부분을 구체화하면 아래와 같다.

| 전투 구현 목표 |

○ 전투는 5대5가 기본이며 비동기*로 진행된다.

○ 적군이 전멸하면 승리, 아군이 전멸하면 패배다.

○ 캐릭터는 속성과 스킬로 전투한다.

○ 전투는 최대 3라운드까지 진행된다.

○ 우선 기본이 되는 5명의 캐릭터를 만들고 몬스터는 1종만 제작한다.

대략적인 구현 방향을 정했다. 이제 관련 작업자들과 아이디어를 교환해가며 만들어 나가면 된다.

■ 세계관과 시나리오

프로토타입은 재미를 검증하기 위한 것이었지만 본격적인 개발에 들어간 이상 세계관과 시나리오도 제대로 설정되어야 한다. 특히 중요한 것은 세계관 콘셉트로, 그래픽팀에서 어떤 디자인을 뽑을지 결정하는 근거가 된다. 주의할 것은 현재 우리 그래픽팀이 작업 가능한 수준 안에서 콘셉트를 잡아야 한다는 것이다. 중세 판타지를 잘 그리는 아티스트들에게 SF 메카닉 콘셉트를 강요하면 안 된다.

---

* 게임에서 비동기 상태는 유저와 유저가 서로 같은 시간 및 공간에 있지 않은 것을 뜻한다. 인터넷 속도나 스마트폰의 사양이 비교적 낮아도 독립적으로 플레이하는 것이므로 원활한 플레이가 가능하다는 장점이 있다.

MMORPG의 세계관

| 세계관 작업 |

- 전체적인 내용을 간단하게 작성
- 특히 그래픽팀과 관련된 내용은 세부적으로 준비

시대 배경	게임의 시대를 설정한다. 판타지 세계여도 시대설정은 필요.
주인공 설정	매우 중요하다. 주인공의 세부적인 내용을 모두 설정한다. 키, 몸무게 등 외형적인 부분부터 성격, 취미 등.
캐릭터 설정	주인공 이외에 비중 있는 캐릭터들의 설정.
적(몬스터) 설정	주요 적에 대한 설정. 캐릭터 원화가가 보고 그릴 수 있는 수준이어야 한다. 비슷한 그림이 있으면 참고용으로 첨부한다.
배경 설정	플레이가 벌어지는 주요 무대. 스테이지. 어떤 환경이고 특징은 무엇인지. 역시 참고할 만한 그림을 첨부한다.
아이템 설정	중요한 키 아이템이 있으면 따로 설정한다.
시스템과 연결되어야 하는 부분	기타 시스템과 연결되어야 하는 내용이 있으면 작성한다. 이것은 콘텐츠 혹은 시스템 기획자가 확인하게 된다.

세계관 작업

먼저 콘텐츠, 시스템, 레벨 디자인과 논의하여 메인 스토리를 어떻게 진행할지, 어디서 끊을지, 어떤 캐릭터와 적이 등장할지 등 큰 그림을 그린다.

| 원화팀과 관련된 작업 |
- 그래픽팀이 바로 작업할 수 있도록 콘셉트 문서 제작
- 첫 전투 혹은 이벤트에서 등장할 캐릭터와 대사 준비

가장 중요한 것은 처음의 합을 맞춰보는 것이다. 첫 전투 혹은 이벤트 후 등장할 캐릭터의 대사를 준비해서 출력해보면 앞으로 어떻게 해야 할지 감을 잡을 수 있을 것이다.

프로그램 담당자에게 시나리오 툴을 요청한다. 간단히 말해 텍스트를 기입하면 게임에 출력되도록 하는 장치인데 대표적인 기능은 아래와 같다.

씬 번호	시나리오가 나오는 씬의 번호
캐릭터 이미지	씬에 등장하는 캐릭터 이미지. 울고 웃는 등의 표정도 모두 포함.
스크립트	독백인지 시스템 메시지인지 캐릭터 대사인지 등을 나눈다.
화면 효과	화면이 흔들리거나 깜빡거리는 등의 특수 효과
사운드	BGM과 보이스를 설정하여 출력할 수 있다.

시나리오 툴

2 콘텐츠 기획

게임이 기본적으로 한 바퀴를 돌 수 있는 순환구조부터 짜야 한다. 유저가 게임에 처음 입장했을 때 어디서 무엇을 하고, 어떻게 전투를 하며, 전투 후에는 무엇을 하는지, 어떻게 성장하는지, 성장 후 다시 전투에 어

떻게 들어가는지에 대한 과정이다. 가장 좋은 방법은 UI를 구성하여 유저가 마치 게임을 직접 하는 것처럼 보여주는 것이 좋지만 여의치 않을 경우 순서를 정해 공유해도 된다.

| 콘텐츠 기획 내부 설정 |
- ○ 타 게임이나 콘텐츠에서 성공적인 콘텐츠를 분석하여 우리 게임에 참고
- ○ 게임의 전체적인 한 바퀴 흐름

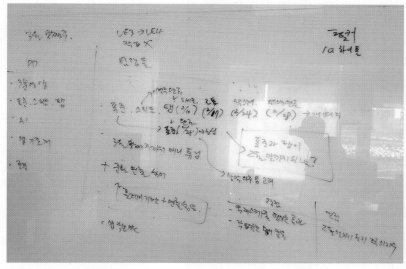

모바일 게임 콘텐츠 아이디어 회의

　　매스 프로덕션 단계에서 타 게임 콘텐츠 분석은 이미 늦은 것 아닐까 생각할 수 있지만 그렇지 않다. 오히려 실제 구현에 들어가기 직전에 조사하는 것이 현실적으로 더 와 닿을 수 있다. 분석한 내용을 참고하여 우리 게임은 어떻게 개발할지 결정하였으면 그다음은 게임의 전체적인 한 바퀴를 구성해본다. 유저가 게임에 입장하여 로비에서 전투로, 전투

결과 후 성장하여 다시 로비로 돌아오기까지의 과정이다. 게임의 핵심 흐름이므로 이것만 정의되면 나머지는 어떻게 될지 팀원들이 쉽게 알게 된다.

| 프로그램팀과 그래픽팀 관련된 준비 |
○ 어떤 콘텐츠를 만들지에 대한 콘셉트 문서
○ 전투, 시스템 기획과 협의하여 구체적으로 작업

플레이 한 바퀴가 완성되면 이후 실제로 어떤 콘텐츠가 들어가는지에 대한 콘셉트를 만든다. 이 콘텐츠들이 어떤 역할을 하며, 유저는 어떤 재미를 느끼게 되는지, 어떤 보상을 얻어 캐릭터의 성장을 이뤄내는지 등을 정한다. 이 과정이 끝나면 구체적으로 구현 들어가기 위해 전투, 시스템 기획자와 논의하여 작업 가능한 기획 문서를 작성한다.

| 플레이 한 바퀴 후 실제 콘텐츠 기획 항목 |
○ 게임의 두 가지 메인 요소: 전투와 캐릭터 성장의 구체화
○ 마이룸, 수집 등 전투 이외의 콘텐츠 최종 확정
○ 친구, 길드 같은 커뮤니티의 확정

3 전투 기획
프로토타입에서 전투를 만들었다고는 해도 본격적으로 제작에 들어가면 다른 얘기가 된다. 모바일 게임에서 전투에 들어가는 구현 요소는 매우 많으며 프로그램과 그래픽이 문제없이 작업할 수 있도록 기획이 미리 계획을 세워 놔야 한다. 앞에서 디렉터의 비전을 바탕으로 전투를 어떻게 만들지 계획을 세웠지만 기획서 수준의 디테일한 업무 확인이 있어야 작업자들이 진행할 수 있다.

모바일 게임이 만들어지는 과정

모바일 리듬액션 <4 Fighters>

| 전투의 기본 구조 설계 |

- ○ 몇 대 몇으로 싸우고 승패는 어떻게 나뉘는지
- ○ 캐릭터의 스테이터스와 스킬, 장비는 어떻게 구성되는지
- ○ 유저는 어떤 조작이 가능하고 어떤 명령을 내릴 수 있는지
- ○ 기타 전투에 영향을 주는 외부 요소는 없는지

일단은 전투가 가능하도록 만드는 것이 중요하다. 기본이 준비된 상태에서 그 위에 덧붙이는 것은 크게 어렵지 않다. 이 단계에서 제대로 된 전투 공식 등은 아직 필요 없으며 단순하게 치고 받는 수준이어도 충분하다. 즉, 전투의 기본 요소만 들어가도 된다.

| 전투 기본 설계 |[*]

- ○ 전투할 때 행동 포인트를 소모
- ○ 최소 1인 이상의 아군 파티원이 있어야 시작
- ○ 친구를 포함하여 총 6명의 캐릭터로 전투
- ○ 적은 1~5명이며 모두 사망하면 다음 라운드로 넘어감
- ○ 모든 라운드를 클리어하면 스테이지 클리어. 아군이 모두 사망하거나 시간 초과 시 게임 오버
- ○ 아군과 적군 모두 다섯 가지 속성 중 하나에 속함
- ○ 속성 간의 공방은 속성표에 따름
- ○ 아군과 적군 모두 기본 공격과 스킬을 섞어서 사용
- ○ 전투에서 쌓은 게이지로 궁극기 사용
- ○ 터치하여 궁극기 발동
- ○ 전투 종료 후 재화, 아이템, 경험치 등 보상을 획득

이렇게 기본 구조를 결정 후 세부 내용으로 들어간다. 역시 가장 중요한 것은 기본 수준의 전투 공식이며 이에 영향을 주는 모든 것을 설정해야 한다. 가장 대표적으로 직업과 속성이 있으며 그 외 전투와 관련된 모든 것이 결정된다. 특히 스킬은 전투의 재미에 직접적인 연관이 있으므로 초기 단계부터 준비되어야 한다.

| 전투 세부 내역 |

- ○ 전투 공식 기본 수준
- ○ 속성표(물, 불, 나무, 빛, 어둠의 상성)
- ○ 캐릭터 직업

---

[*] 인기 모바일 게임 <갓 오브 하이스쿨>의 전투 시스템을 비롯한 많은 모바일 게임의 전투에서 5명 혹은 6명의 캐릭터로 전투를 진행한다. 파티 인원이 많을수록 전투의 변수가 생겨 재미있고, 유저는 키워야 하는 캐릭터가 많아 콘텐츠가 확보되는 장점이 있다.

- 캐릭터 스테이터스 종류와 대략적인 값
- 스킬 종류(기본 공격, 스킬 A, 스킬 B, 궁극기, 패시브)의 대략적인 값

여기까지 구현이 된다면 전투가 제법 디테일한 부분까지 작동될 것이다. 반복 테스트를 통해 재미를 확인했다면 캐릭터와 스킬 종류를 늘려가면 된다.

4 시스템 기획

콘텐츠 기획과 함께 게임의 전체적인 구조를 설계하고 세부 시스템을 정한다. 구현 순서상 전투는 먼저 시작됐을 것이므로 전투를 받쳐줄 수 있는 앞뒤 시스템, 예를 들어 로비와 전투 후 보상 획득, 캐릭터 성장을 기획하면 된다. 다만 캐릭터 성장을 기획할 수 있으려면 게임의 주요 내용이 결정된 상태여야 하므로 여의치 않을 경우 최대한 가능한 부분만 진행한다.

| 시스템 설계 사항 |
- 콘텐츠가 완벽히 구현될 수 있도록 하는 시스템적 뒷받침
- 시스템 간의 유기적 결합

index	name	type	point	key_1	key_2	amount	reward
10001	혹성을 찾아라	main	explore_planet	0	0	1	silver
10002	유닛 성장의 기쁨	main	mix_unit	0	0	1	silver
10003	선두에 서서	main	battle	0	0	3	silver
10004	전함 공격!	main	upgrade_skill	1	0	1	silver
10005	새로운 장비	main	summon	0	0	1	silver
10006	내일은 쇼핑왕	main	buy_shop	0	0	1	silver
10007	수금할 시간	main	planet_gather	0	0	1	silver
10008	오늘 고생하셨습	daily_total		0	0	7	silver

모바일 디펜스 게임의 퀘스트 DB

| 퀘스트 시스템 |
- ○ 게임 내 퀘스트의 포지션과 유저에게 어떤 재미를 줄지를 정의
- ○ 퀘스트의 오픈 조건, 제목, 내용, 클리어 조건, 보상을 구상
- ○ 기획안을 바탕으로 그래픽팀과 프로그램팀에 구현을 요청

시스템 설계에서 가장 중요한 것 중 하나는 프로그래머와 얘기해서 기획에서의 DB를 어떻게 만들 것인가 결정하는 것이다. 캐릭터를 예로 들면, 관련된 정보는 직업, 속성 등 기본적인 것부터 공격력, 방어력 등의 전투에 관련된 것까지 있을 것이다. 이런 것들을 어떤 이름으로, 값을 어디에 넣으면 프로그램에서 참조할 수 있는지 규약을 정하는 것이다.

구현 방법 설계
- ○ 프로그래머와 논의해서 기획 DB 구조를 어떻게 구성할 것인지 결정
- ○ 그 외 텍스트 데이터 등 관련하여 어떻게 작성하고 적용할지 정리

번호	퀘스트 고유 번호
조건	퀘스트 클리어 조건
수량	퀘스트를 클리어하기 위해 채워야 하는 실행 횟수
세부 내용	퀘스트 조건에 대한 세부 내용

퀘스트 정보 DB

위와 같이 퀘스트 정보에 대한 칼럼과 값을 정리하면 프로그램에서 위의 파일을 참고하여 정보를 출력하게 된다. 이처럼 필수 콘텐츠와 전투를 중심으로 설정해 나가면서 퀘스트 등 추후 구현되는 것을 준비하면 된다.

모바일 게임이 만들어지는 과정

5 레벨 디자인 기획

레벨 디자인에서 주로 할 일은 전투 맵과 등장하는 몬스터 능력치를 맞추는 것이다. 플레이 타임에 따른 유저의 성장을 예측하고, 그에 맞춰 너무 쉽지도, 너무 어렵지도 않은, 아슬아슬한 전투가 벌어지도록 몬스터의 세기를 결정한다. 이것을 예측 그래프로 계산해 볼 수도 있겠지만 여러 번 반복해서 테스트하는 수밖에 없다.

| 몬스터 능력치 설정 |
- ○ 유저의 성장을 플레이 타임 기준으로 예측
- ○ 유저가 아슬아슬하게 이길 수 있도록 밸런싱
- ○ 일정 구간마다 아깝게 못 이길 정도로 하여 캐릭터 성장을 계단식으로 유도

캐릭터 성장의 계단식 유도는 유저가 일정 구간까지 이기는 전투를 하다가 어느 순간 패배하여 성장의 필요성을 느끼는 단계를 말한다. 유저가 전투에서 계속 승리하면 캐릭터 성장이 그다지 필요하다고 느끼지 않을 것이다.

만약 패배한다면 왜 졌는지에 대한 원인을 고민하고 최대한 성장할 것이며, 그래도 못 이긴다면 전투 자체에 대한 원인을 찾으려 할 것이다. 유저가 계속 패배한다면 성장에 대한 의욕이 완전히 꺾여 게임에서 이탈할 위험이 있으므로 단계별로 고난을 주게 되는데 이것이 성장의 계단이다. 레벨 디자인이 잘 된 게임은 승리와 성장이 적절하게 분배되어 있다.

| 성장의 계단식 구조 |
- ○ 유저가 충분히 재미를 느낄 때까지 계속 승리하게 한다.
- ○ 성장 관련된 콘텐츠가 열리자 마자 난이도가 높은 적을 등장시킨다.
- ○ 유저는 패배한 후, 캐릭터를 최대한 성장시킨다.

- 다시 도전해서 승리한다.
- 이렇게 얼마간 하다가 다시 패배한다.
- 이미 자원이 어느 정도 모였을 것이므로 그것으로 다시 성장시킨다.

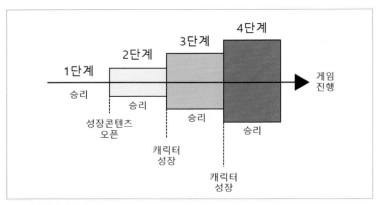

플레이와 캐릭터 성장

6 경제 기획

매스 프로덕션에서 경제는 인게임 보상에 대한 것이 대부분이다. 수익모델 설계는 게임이 본격적으로 플레이되는 중반부터 고민하게 된다.

라스트오리진 전투 결과 보상

| 인게임 보상 기획 |

○ 유저의 플레이에는 항상 보상이 뒤따른다.

○ 보상은 시각적으로 명확해야 하며 플레이의 이유가 되어야 한다.

○ 성장에 관련된 보상이 가장 좋다.

○ 인게임에서 너무 많이 줄 경우 오픈 후 이벤트에서 줄 것이 없으므로 분량 조절을 한다.

가장 먼저 할 일은 전투와 캐릭터 성장을 연결시켜주는 보상의 결정이다. 앞에서 말한 것처럼 매스 프로덕션의 시작은 전투고 보상은 아마 프로젝트 막판까지 계속해서 다듬어야 할 것이다.

유저가 전투를 끝냈을 때 만족할 만한 보상을 안겨주면서도, 너무 과하지 않게 조절하며, 캐릭터 성장에 요긴하게 쓰일 수 있도록 조정하는 것이 중요하다. 레벨 디자인과 연결하면 다음과 같다.

| 캐릭터 성장과 보상 |

○ 전투를 끝내거나 퀘스트를 완료하고 보상을 얻는다.

○ 전투를 하다가 패배한다.

○ 성장하기 위해 그때까지 모은 보상을 이용한다.

○ 이때 누적된 보상은 캐릭터가 난이도의 벽을 깰 수 있을 정도로 성장시킬 수 있는 분량이어야 한다.

○ 전투에서 다시 승리하기 시작하고 다음 벽에 부딪힐 때까지 이것은 계속된다.

○ 너무 전투 위주의 보상으로만 진행하면 단조로우므로 다른 콘텐츠와 연계된 보상을 기획한다.

○ 콘텐츠의 스타일에 맞는 보상을 준다.

전투 이외에도 출석이나 퀘스트, 기타 이벤트 보상으로 획득되는 것도 모두 준비하고 있어야 경제 밸런스를 맞출 수 있다. 매스 프로덕션 단계에서는 주로 구현에 집중하게 되지만 후반부에는 경제에 일이 몰리므로 미리 준비하고 있어야 한다. 대략적으로 캐릭터 성장에 필요한 게 100이라고 한다면, 전투에서 50, 기타 20, 그리고 라이브하면서 이벤트 등으로 줄 것을 30으로 잡으면 어느 정도 비율이 맞는다.

③ 개발 서버와 테스트 서버, 그리고 실제 배포

모바일 게임이라고 해도 실제 개발은 PC에서 이루어진다. 모바일에서 게임이 실행되는 것은 가장 나중의 일로, PC에서 개발된 버전이 안정적으로 작동하는지 확인한 후, 그제서야 모바일로 옮겨지기 때문이다. PC에서는 안정성을 기준으로 크게 두 개의 서버로 나누어 개발한다.

| 개발에서 배포까지 |
- 개발 서버에서 개발함
- 충분히 개발했다면 테스트 서버로 옮겨 테스트 진행
- 문제없으면 모바일로 옮겨 테스트 진행
- 문제없으면 배포

1 개발 서버

개발팀이 실시간으로 개발하는 곳이다. 클라이언트 작업물이 계속해서 삽입되며 새로 만들어진 DB를 밀어 넣고 그래픽 리소스도 추가된다. 이것저것 가리지 않고 포함되므로 가끔 정상적으로 동작하지 않는 경우도 있다.

모바일 게임이 만들어지는 과정

임시 값이 들어가 있기 때문에 밸런스가 전혀 맞지 않는다. 하지만 개발팀 내에서만 공유되는 버전이기 때문에 부담이 없다. 기획자는 여기서 여러 가지 방식으로 테스트하며 적절한 값을 찾아낸다.

2 DB 생성

DB는 원래 데이터베이스를 뜻하지만, 기획자에게는 게임에 관련된 어떤 값이 입력된 파일을 뜻한다. 콘텐츠를 만들다 보면 그와 관련된 값을 자주 바꾸게 되는데, 매번 프로그래머에게 바꿔달라고 하면 번거로울 것이다.

그래서 이런 값들을 따로 모아서 기획자가 관리할 수 있게 한 것이다. 예를 들어 '소환'을 만든다고 가정하면, 소환에 등장할 캐릭터 종류, 캐릭터별 등장 확률, 이번주에 소환 확률이 올라가는 특정 캐릭터, 소환 비용 등 관련 값이 많으며 이를 많은 테스트를 거쳐 지속적으로 수정해야 한다.

소울아크 소환

3 데이터 교차 검증

DB는 게임의 중요한 값을 기재한 파일이므로 사전 작업 없이 갑자기 변경되면 위험하다. 충분히 안전장치를 해둬서 담당자가 몇 번의 검사와 확인 끝에 바꾸고, 이후에도 계속 확인하는 것이 필요하다. 이처럼 DB를 안전하게 취급하기 위해 몇 가지 장치가 필요한데 그중 하나가 데이터 교차 검증이다.

| 데이터 교차 검증 |
- ○ DB를 백업한다.
- ○ 원본 파일이 영향받지 않게 복사한 파일의 값을 고친다.
- ○ 원본 파일과 값을 비교해준다.
- ○ 맞으면 원본 파일에 덮어씌운다.
- ○ 잘못된 경우 백업한 파일을 불러올 수 있다.

4 테스트 서버

개발 서버에서 어느 정도 안정적으로 돌아가는 것이 확인되면 테스트 서버로 덮어쓴다. 이때 기존 테스트 서버에 있던 값과 비교하여 덮어써도 되는지 확인하고 진행해야 하며, 이것을 머지(Merge)라 한다. 테스트 서버는 실제로 테스터가 확인하는 단계이므로 정확한 값이 들어가 있어야 한다. 기존 테스트 서버에 있던 콘텐츠, 시스템과 충돌하지 않고 정상적으로 작동한다면 통과.

5 모바일 테스트

테스트 서버에서도 문제가 없다면 드디어 모바일에서 실행해 볼 때다. 아직은 개발자들의 핸드폰에서 실행하는 것이므로 문제가 생겨도 대처할 수 있다. 모바일 테스트는 빌드 내용을 확인하고 이것이 모바일 환경에서 문제없이 작동하는지 확인하는 것이다. 여기서 문제가 생기면 다시 빌드해야 한다. 문제가 없으면 배포한다.

6 실서버 배포

모바일 테스트도 통과하면 드디어 배포다. 유저들이 흔히 업데이트되었다고 말하는 것이 이때다.

날짜	데이터	수정	내용
2010.01.01	서바이벌 던전	신규	필드값 수정
2010.01.01	응원 던전	갱신	콜값 롤백
2010.01.01	궁극기 스킬 데이터	중복	페이 수정
2010.01.01	행운값	중복	행운치 변경
2010.01.01	마킹 데이터	갱신	마킹 추가

실서버 배포 전 DB 변경사항 체크 리스트

일단 오픈이 되면 되돌릴 수 없기 때문에(되돌리면 백섭이라고 해서 큰 혼란이 일어난다) 신중해야 한다. 배포가 완료되면 개발자들도 두근거리는 마음으로 플레이해보고 자신이 맡은 부분에 문제가 없는지 체크한다.

4 작업 관리

기획서가 구현될 때까지 몇 가지 과정을 거치는데, 작업이 원활하도록 중간중간 확인하는 것을 작업 관리라고 한다. 처음에 기획서가 작성된 후 팀원들과 회의, 그리고 작업이 잘 진행되는지를 체크하는 작업 리스트와 스케줄을 작성한다. 마지막으로 구현된 것을 보고 테스트하며 버그 리스트를 작성한다.

| 콘텐츠 작업 순서 및 관리 |

- ○ 아이디어 회의: 무엇을 어떻게 만들지 기획팀 내에서 논의
- ○ 개요서 작성: 기획팀 내에서 한 번 더 논의
- ○ 개요서로 작업자들과 구현 회의
- ○ 디렉터 컨펌
- ○ 기획서 작성, 작업자들과 공유
- ○ 구현 진행, 작업 리스트 작성
- ○ 프로토타입 완성, 디렉터 확인
- ○ 피드백 받아 수정, 버그 리스트 작성
- ○ 완성, 게임 업데이트

▌1 작업 종류

작업은 그 종류가 매우 다양한데 크게 기획팀 내부, 타 파트와 관련된 일로 나누고 상부에서 하달받은 일, 외부 일 등 또 다양하게 나뉜다. 작업은 항상 많이 있으므로 효과적으로 구분해서 우선 순위대로 진행하는 것이 좋다.

| 작업 처리 요령 |

- ○ 회사에 출근하면 전날 온 메일을 확인하여 작업해야 할 것을 고른다.
- ○ 팀 작업 리스트에서 내 작업과 팀원 작업을 확인하고 어떤 것을 먼저할지 정한다.
- ○ 회의가 필요한 안건을 팀원들과 공유한다.

회사에서 해야할 일은 많고 시간은 적다. 중요한 것은 정해진 시간 내에 얼마나 많은 일을 해낼 수 있는가이다. 해야하는 일을 모두 모아서 어떤 일들이 있는지 확인부터 하고, 그 안에서 우선순위를 정한다.

모바일 게임이 만들어지는 과정

| **작업 우선 순위 결정** |
- ○ 1순위: 완료 날짜가 얼마 남지 않은 것
- ○ 2순위: 상부에서 하달받은 일
- ○ 3순위: 타 파트와 연계된 작업
- ○ 4순위: 개인 업무

완료일이 얼마 남지 않은 것은 당연히 가장 빨리 처리되어야 하는 것이고, 상부에서 하달받은 일은 다른 파트와 연계되어 있는 경우가 많다. 당연히 그다음 순위도 다른 사람과 같이 해야하는 작업이다. 개인 업무는 나중에 밤을 새서라도 하면 되지만 다른 사람과 연결된 작업은 제 때에 처리되지 않으면 관련자들의 스케줄도 줄줄이 밀리게 된다.

② 작업 회의

회사에서 작업 회의는 하루에도 여러 번 열린다. 특히 직급이 올라갈수록 타 파트와의 협업 및 외부 일로 회의를 자주 하기 때문에, 정작 본인 일은 야근하면서 해야 하는 경우도 생긴다. 이처럼 자주 하는 회의지만 의외로 좋은 회의를 하기는 쉽지 않다. 의견을 조율하고 스케줄을 잡는 것은 작업자들에게는 민감한 문제이므로 여러 가지 사안이 나오게 되는데, 그것을 정리하여 한 가지 사안으로 만드는 것이 결코 쉽지 않기 때문이다. 효율적인 작업 회의를 하는 방법은 아래와 같다.

| **효율적인 작업 회의하는 방법** |
- ○ 회의 하루 전, 적어도 30분 전에 관련 자료를 미리 공유하여 보고 들어올 수 있도록 한다.
- ○ 다른 사람의 의견을 무시하거나 공격하지 않는다.
- ○ 타인을 설득할 땐 논리와 근거, 그리고 작업 및 구현 가능성에 대해 얘기한다.

○ 반드시 회의가 끝나기 전까지 결정하도록 한다.

○ 회의에서 결정된 것은 반드시 다음 작업에 적용되도록 한다.

○ 되도록 1시간 내에 끝낸다.

회의에 모인 사람들이 많을수록 그 사람들의 시간을 빼앗은 것이기 때문에 회사 입장에서는 되도록 짧은 시간에 좋은 결과를 도출해내기를 원할 것이다. 그러기 위해서는 회의 전 미리 안건에 대해 공유하는 것이 필요하다. 제일 중요한 것은 회의 결과를 도출하는 것이며 그것이 회의의 목적이다. 제대로 진행되지 않는 회의는 지지부진 시간만 오래 끌다가 결과 없이 끝나게 된다.

| **회의록 작성법** |

○ 언제, 누가, 무엇을 주제로 참석했는지

○ 각자 어떤 의견을 냈는지

○ 결론은 어떻게 났는지

○ 작업해야 할 것은 무엇인지

예시 회의록

일시	2010.02.20
참석	기획팀 전체
내용	1. 서바이벌 모드 개편 이슈
	A. 유저의 부담을 줄이기 위해 비슷한 실력으로 매칭
	B. 튜토리얼을 끝내고 참가한 유저는 NPC와 매칭
	C. 궁극 목적은 유저 증가 및 플레이 타임 증가
	2. 유저 편의를 위한 개선
	A. UI 개선, 생존 표시 및 의미없는 정보 삭제
	B. 생존자의 등수 표시를 퍼센테이지로 변경
결론	내일까지 디렉터에게 보고. 컨펌되면 프로그램, 그래픽과 회의

위의 회의록을 회의 참석자는 물론 관련자들에게 메일 보내고 구체적인 작업은 다시 관련자를 모아 작업 리스트를 보면서 회의하면 된다.

3 작업 리스트

작업자들이 기획서를 확인했다면 작업에 들어가게 되는데, 구체적으로 어떤 작업에 들어가야 하는지에 대해 우선순위와 리스트로 정리해줄 필요가 있다. 이것을 작업 리스트라고 한다. 필요한 경우 작업 리스트에 기획서나 그림, 관련 자료를 링크로 걸어서 작업자의 이해를 도울 수도 있다.

| 작업 리스트가 갖춰야 할 요건 |

- ○ 누가 어떤 작업을 언제까지 해야 하는지 작성
- ○ 작업 담당자가 어떻게 진행하고 있는지 매일 체크
- ○ 작업을 발주한 사람(주로 기획자)이 작업을 매일 체크
- ○ 완료된 작업은 닫음
- ○ 새로운 작업이 열리면 관련자에게 바로 알리고 팀장에게도 보고

우선 순위	작업의 우선순위를 결정함. S는 최우선, A는 급한 것 등.
요청자	작업을 요청한 사람 이름. 담당자가 자세한 내용을 물어보기 위함. 작업이 완료된 것을 체크하는 것도 요청자의 몫이다.
담당자	작업을 진행할 사람. 주로 기획자가 요청자, 담당자가 프로그래머.
구분	전투인지, 시스템인지, 버그인지 등을 작성.
작업 내용	어떤 작업인지 구체적으로 작성한다. 필요하면 세부 내용을 링크 한다.
상태	작업이 현재 어떤 상태인지를 나타낸다. 담당자가 '작업 완료'라고 썼다면 요청자가 확인하고 정말 완료되었으면 '완료' 라고 쓰고 해당 항목을 닫으면 된다.

작업 리스트 양식

작업 리스트에서 중요한 것은 매일 확인하는 꾸준함이 있어야 한다는 것이다. 만약 매일 정기 작업회의를 한다면 작업 리스트를 열어 다 같이 확인하는 것도 좋다. 이런 문서는 자주 확인하지 않으면 쉽게 잊혀지므로 특히 요청자인 기획자들의 주의가 요구된다.

4 버그 리스트

구현에는 버그가 있을 수 있는데 이를 효과적으로 체크해서 관리하기 위해서는 버그 관리 툴을 사용하는 것이 좋다. 어떤 툴을 사용하든 버그 체크 항목은 거의 비슷하다.

예시 ▶ 버그 체크 항목

보고일	2010.02.20
마지막 수정	2010.02.21
보고자	최주홍
담당자	홍길동
프로젝트	프로젝트 A
이슈번호	1000
분류	General
재현 가능성	항상
중요도	보통
우선순위	보통
상태	열림
목표버전	제3차 테스트 빌드
해결상태	확인 중
제목	전투가 시작되어도 전사가 스킬을 사용하지 않음
내용	전투 시작 시 전사 스킬이 발동 안 됨. 친구가 파티에 합류 중일 때 발생하는 것으로 추청
재현방법	항상
디바이스	모바일

모바일 게임이 만들어지는 과정

이렇게 버그 체크를 하면 담당 작업자에게 전달하고 진행 과정을 수시로 체크한다. 버그가 완전히 수정되면 해당 항목을 닫으면 된다.

5 디렉터 피드백

구현이 완료되면 디렉터에게 피드백을 받은 후 수정 작업을 거치게 된다. 디렉터는 바쁜 사람이므로 구체적인 문서 수준으로 피드백 주기는 어려우며, 어떤 부분이 문제인지, 어떻게 고쳤으면 좋겠는지를 간략하게 메일로 작성하여 공유하는 경우가 많다. 기획자는 이것을 보고 실무에 어떻게 적용할지 빨리 캐치해내고 구체적인 작업으로 연결시킬 수 있어야 한다.

6 공유하기

회사에서 팀 단위로 일할 때 가장 중요한 것이 공유하는 것이다. 그저 아는 것을 다른 사람에게 알려주는 것이 무엇이 어려운가 싶기도 하겠지만 이것이 정말 어려운 것은 사람들 모두가 바쁘기 때문이다. 또한 일의 중요도에 따라 각자 생각하는 것이 다른 것도 있다.

공유하는 방법은 팀 내 게시판, 채팅, 메일, 회의 등 다양하게 있지만 직접 만나서 얘기하는 것이 가장 좋다. 온라인으로 작성된 것은 언제 확인할지 모르는 일이니 얼굴을 보고 얘기하는 것만큼 효과적인 것이 없다.

| 공유 방법 |
- 업무와 관련된 것은 무엇이든 공유한다.
- 가능한 직접 만나서 얘기한다.
- 여의치 않거나 오프라인으로 공유한 것을 사안의 중요도에 따라 기록으로 남겨 다시 공유한다.

의외로 많은 업무 사고가 제때 이뤄지지 않은 공유에 의해 발생한다. 또한 공유 받지 못한 팀원은 정보에서 뒤쳐지고 있다고 생각해 팀워크 저하의 원인이 되기도 한다. 사회는 물론 회사에서도 정보는 곧 힘이므로, 기밀자료 같은 것이 아니면 되도록 공유를 자주 하는 것이 좋다. 좋은 팀장은 공유하는 팀장이라는 말도 있을 정도니까.

7 폴리싱

폴리싱은 '연마하다, 광을 내다'라는 뜻으로 구현이 완료된 것을 최종적으로 다듬는다는 뜻이다. 그동안 구현 항목이 각자 진행되던 것이었다면, 후반부에는 이것들을 유기적으로 결합하여 하나의 완전한 게임으로 만들어 전체적으로 돌려보고, 부족한 부분은 채우고 잘된 부분은 더 돋보이게 하는 작업을 하게 된다.

| 폴리싱 과정에서 진행하는 일들 |
- 각자 구현된 요소를 하나의 게임 플레이로 나오도록 결합함
- 게임이 전체적으로 잘 진행되는지 체크함
- 부족한 부분은 보충하고, 잘 된 부분은 강조함
- 계속 반복 플레이하면서 재미를 확인하고 수정함

어떻게 보면 폴리싱이야 말로 게임 개발 과정에서 정말 중요하다고 할 수 있다. 매스 프로덕션 대부분의 단계는 구현이 목표라서 정신없이 달려오지만, 정작 제대로 목적지를 향해 잘 왔는지를 확인하는 것은 폴리싱 단계이기 때문이다. 이때 어떻게 다듬느냐에 따라 게임의 퀄리티가 결정된다고 볼 수 있다.

모바일 게임이 만들어지는 과정

⑤ 실제 구현

이제 실제로 구현하는 방법을 알아보자. 전투나 캐릭터 성장은 내용이 많으므로 비교적 간단한 상점을 기획, 구현해 보겠다.

■ 상점 개선 기획 실제 예시

던전을 클리어하여 획득한 코인으로 상점에서 아이템을 구매하는 게임이 있다고 가정해보자.

코인 상점

| 구매 단계 |

○ 상점에 입장

○ 원하는 아이템 터치

○ 던전 코인이 충분하고 인벤토리에 빈 공간 있으면 구매

하지만 실제로 구현된 모습은 이렇게 간단하지 않다. 프로그래머가 구현할 수 있도록 내용이 디테일해야 하는데 이를 로직이라고 한다. 상점에서 아이템을 구매하는 로직은 아래와 같다.

예시 아이템 구매 로직

---

1. 구매할 아이템 선택

1.1 판매 완료된 것일 경우

1.1.1 "판매 완료된 아이템입니다." 팝업

1.1.1.1 구매 실패

끝.

1.2 판매 완료된 것이 아닐 경우

1.2.1 구매 진행, 2번으로 연결

끝.

2. 정말 구매할 것인지 팝업

2.1 [예] 터치한 경우

2.1.1 던전 코인이 충분한 경우

2.1.1.1 인벤토리가 충분한 경우

2.1.1.1.1 구매 성공

2.1.1.1.1.1 인벤토리에 구매한 아이템을 보관

2.1.1.1.1.2 아이템 가격만큼 던전 코인 차감

2.1.1.1.1.3 판매된 아이템이 "판매완료"로 표시됨

끝.

2.1.1.2 인벤토리가 부족한 경우

2.1.1.2.1 "인벤토리가 부족합니다." 메시지 팝업.

2.1.1.2.2 구매 실패.

끝.

2.1.2 던전 코인이 부족한 경우

2.1.2.1 "던전 코인이 부족합니다." 메시지 팝업

2.1.2.2 구매 실패

끝.

모바일 게임이 만들어지는 과정

어느날, 팀원들이 아이템을 대량 구매할 때 불편하다는 피드백을 주었고 이에 디렉터는 방법을 찾아보라고 지시했다고 가정해보자.

| 디렉션 |
○ 아이템을 각각 구매하는 것이 번거로움
○ 대량 구매를 편리하게 하고 싶음

2 아이디어 모으기

위 불편 사항에 대해 어떻게 대응해야 할지 팀원들의 아이디어를 모은다. 회의는 기획팀끼리 해도 좋고, 관련 내용을 잘 아는 팀원을 초대해도 좋다. 주의할 점은 회의 때 다른 사람의 아이디어를 비판해서는 안 된다는 것. 그렇게 되면 아이디어를 말한 팀원은 위축이 되거나 서로 싸울 수 있다. 좋고 나쁜 것을 평가하지 말고 아이디어를 나열한다는 느낌으로 접근하는 것이 좋다.

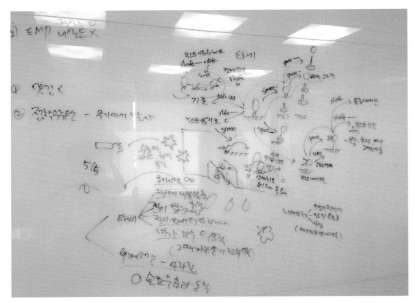

아이디어 모으는 과정

아이디어를 모은 결과 [선택 구매] 버튼을 추가하여 원하는 아이템을 선택, 한꺼번에 구매할 수 있도록 하기로 하였다. 아이디어가 정리되었으므로 이제 구현을 하면 된다.

❸ 초안 작성 및 디렉터 확인

아이디어가 결정되었으므로 디렉터에게 확인받는다. 초안 문서는 간단하게 작성해도 되지만 어떤 의도이며 무엇이 재미있는지, 개선되는 건지는 확실히 해야 한다. 내용이 짧을 경우 바로 회의해도 되지만 콘텐츠가 많을 경우 10페이지 내외의 PT 파일로 만들어 정리해야 한다. 디렉터는 팀원들과 함께 아이디어를 확인하고 결정한다.

모바일 게임이 만들어지는 과정

⁴ 기획서 목표

디렉터 확인받았고 구현 내용도 어느 정도 얘기가 있었으니 기획서를 작성하기 시작한다. 어떤 내용인지는 미리 공유되었고 디렉터 확인도 받았기 때문에 바로 실무적인 내용으로 시작하면 된다.

| 구현 목표 |

○ 장바구니처럼 아이템을 선택하여 한꺼번에 구매할 수 있게 하자.
○ 구매목록을 결과창에서 보여주자.

⁵ 기획서 작성

해당 기능에 대해 그림으로 먼저 보여준다. 기획서가 복잡하면 아무리 팀원들이라고 해도 읽기 어렵고 중요한 내용을 놓치기 쉽다. 그림으로 표현하면 눈에 확 들어오고 이해하기 쉽다. 그림을 먼저 그리고 그것을 바탕으로 로직을 설명한다.

상품 선택 구매

예시 선택 구매 로직

1. [선택 구매] 터치 – (1)

1.1 화면을 검은색으로 변경하고 아이템 이외에는 선택 못 하게 막음 – (2)

1.2 아이템은 구매할 수 있음 – (3)

1.3 [나가기] 버튼 생성됨 – (4)

1.4 [선택 구매] 버튼이 [구매하기] 버튼으로 변경됨 – (5)

1.5 선택된 아이템 개수와 던전 코인 금액을 표시해줌 – (6)

끝.

2. 구매할 아이템 터치

2.1 첫 번째 아이템 선택하면 위 오른쪽 그림의 ①번 표시, 두 번째는 ②번, 세 번째는 ③,네
    번째는 ④와 같은 방식으로 최대 12개까지

2.1.1 같은 아이템을 한 번 더 터치하면 번호가 지워짐

2.2 아이템이 몇 개 선택되었고 던전 코인은 얼마인지 표시해 줌

2.2.1 선택된 아이템 가격이 소지금보다 높으면 가격을 빨간색으로 표시

끝.

6 구매하기

이어서 어떤 방법으로 구매할 수 있는지 로직으로 정리한다.

상품 선택 구매

예시 구매 로직

1. [구매하기] 터치 - (1)

1.1 선택된 아이템이 1개 이상일 경우

1.1.1 구매 리스트 팝업 - (2)

1.1.1.1 구매 아이템 출력

1.1.1.2 구매 가격 출력

1.1.1.3 구매 여부 확인 - (3)

1.1.1.3.1 [예] 선택

1.1.1.3.1.1 아이템 가격 > 소지금인 경우

1.1.1.3.1.1.1 "던전 코인이 부족합니다." 팝업

1.1.1.3.1.1.1.1 구매 실패

끝.

1.1.1.3.1.2 아이템 가격 ≤ 소지금인 경우

1.1.1.3.1.2.1 인벤토리가 부족하지 않은 경우

1.1.1.3.1.2.1.1 구매 성공

1.1.1.3.1.2.1.2 던전 코인 차감

1.1.1.3.1.2.1.3 인벤토리에 저장

끝.

1.1.1.3.2 [아니오] 선택

1.1.1.3.2.1 구매 리스트 창 꺼짐

끝.

1.2 선택된 아이템이 없을 경우

1.2.1 "구매할 아이템을 선택해주세요." 팝업

끝.

☑ 상점 구현에 필요한 타 파트 작업들

기획서가 작성되었으므로 구현을 시작한다. 첫 단계는 바로 구현 회의다. 누가 만들 것인지, 개발에서 고려되어야 할 사항은 무엇인지, 기획에서 값을 조절할 것은 무엇인지, DB는 어떻게 준비할지, 그래픽 리소스는 언제 나오는지 등이다. 구현 회의가 끝나면 구현이 시작되며 프로토타입이 완성되면 디렉터 중간 확인을 받는다.

☑ 구현 회의

기획서를 바탕으로 프로그램, 그래픽 팀원들과 구현 회의를 한다. 팀원들은 기획서를 보고 구현에 필요한 구체적인 내용을 질문하거나 그래픽 리소스의 마감 기일을 물어볼 것이다. 피드백 받은 내용을 기획서에 채워서 보강한다. 실무자들끼리 해결할 수 없는 문제가 생기면 디렉터에게 다시 확인을 받는다.

☑ UI 작업

구매 로직에 따라 어떤 버튼과 숫자가 필요한지 설정한다. 위에서 말한 [선택 구매], [구매하기], [나가기] 버튼 외에도 아이템 선택 시 표시되는 숫자 1~12 및 구매 리스트 창 등이 있다.

☑ 클라이언트 작업

로직을 바탕으로 선택 구매, 구매, 취소, 나가기 등의 기능을 구현한다.

☑ 서버 작업

구매 성공 시에 대한 로직을 처리한다. 구매하여 아이템이 인벤토리에 보관되고, 던전 코인이 차감되는 내용이다.

모바일 게임이 만들어지는 과정

⑫ 작업 리스트 및 스케줄 체크

구분	담당자	항목	내용	비고
클라이언트	최주홍	선택 구매	아이템 터치 시 번호 매기는 기능	UI 필요

작업 리스트

구현 회의까지 끝나면 이제 정말 구현할 일만 남았다. 기획자는 작업 리스트를 만들어 언제까지 어떤 작업이 되어야하는지를 체크한다. 구현 진행 중에 수시로 확인하고 수정된 내용은 기획서에 계속해서 반영하도록 한다.

⑬ 스케줄 작성

업데이트 스케줄

각 작업이 언제 완료되는지, 선행 작업은 무엇인지를 표시해야 한다. 작업시간은 주단위로 끊고 매주 금요일에 전체적으로 작업 확인하는 것이 좋다.

| 작업 단계 |

○ 기획에서 항목별로 구현 내용을 나누고 각각 언제까지 기획 완료되는지 표시

○ 리소스가 언제까지 작업 완료되는지 표시

○ 리소스를 받아 클라이언트가 언제까지 작업 완료되는지 표시

○ 서버 작업 기간 표시

○ 디렉터의 확인이 있을 경우 별도로 표시

○ QA 기간 표시

○ 완료일 표시

⑭ 기획서 업데이트 및 공유

기획서 업데이트는 위에서 언급한 구현 회의가 끝난 시점부터 시작된다. 구현 회의 때 실무자들에게 받은 피드백을 기획서에 적용해야 한다. 당연하게도 기획서를 쓰는 것보다 업데이트하는 것이 더 힘든데, 구현 과정에서 내용이 계속 바뀌기 때문에 놓치지 말고 꼬박꼬박 체크해야 하기 때문이다. 또한 업데이트된 내용은 빠르게 팀원들과 공유해야 하며 그렇지 못하면 팀원이 옛날 내용으로 구현해버릴 수 있다. 만약 업데이트를 미룬다면 QA가 시작될 때 참고할 문서가 없게 된다. 회사 입장에서 데이터가 쌓이지 않는 것도 문제.

⑮ 작업 리스트 갱신

기획서가 업데이트되면서 새로 발생한 작업이나 취소된 작업이 있는지 확인하고 작업 리스트를 갱신한다. 당연하게도 이것 역시 팀원들과 공유하도록 한다. 작업을 진행하면서 가장 중요한 것은 팀원들과의 공유다. 이것만 잊지 않아도 대부분의 문제 발생을 예방할 수 있다.

모바일 게임이 만들어지는 과정

🔟 디렉터 확인

기본적인 동작이 가능하게 되었다면, 디렉터에게 보고하고 세부적인 피드백을 받는다. 디렉터의 지시사항과 아직 구현되지 않는 작업을 포함하여 우선순위를 매기고 다시 일정을 잡는다.

🔟 완성

구현이 완료되고 디렉터의 최종 확인이 떨어지면 완성. 퍼블리셔와 공유하여 광고나 운영 이벤트를 미리 준비할 수 있도록 한다. 동시에 QA를 진행하여 버그가 없는지 체크한다. 모든 것이 완료되면 업데이트한다.

기획 5년차는
질풍노도의 시기

퇴근 후에는 인디 게임을 만들었다. 예전 회사의 경험으로 게임 회사는 쉽게 없어질 수도 있으며 실력이 없으면 구직할 때 고생한다는 교훈도 있었고, 뭣보다 지금 회사 사람들을 보면서 나 스스로 레벨업을 하지 못하면 결코 따라잡을 수 없겠다는 조급함도 있었다. 업무가 끝나면 고속버스터미널의 맥도날드(지금은 없어졌지만)에서 친구와 모여 게임을 만들었다. 첫 회사 다니면서 개발하던 백설 공주의 PC 버전이었다. 전에 만들었던 GP32 플랫폼 버전은 ㈜게임파크와 MOU까지 맺었지만 안타깝게도 출시까지 가지는 못했다. 전보다 실력이 늘은 지금이라면 PC 버전으로 충분히 만들어 낼 수 있을 것 같았다. 회사 일이 바빴지만 퇴근해서 새로운 게임을 만든다는 것은 설렘과 즐거움을 안겨주었다. 회사에서 프로젝트를 진행하면서 배우는 것도 분명 많지만, 개인 프로젝트를 주체적으로 진행하는 것에서도 매우 많은 것을 배우게 된다.

회사 일은 순조로워서 마침내 골드 마스터*를 제작할 수 있게 되었다. 이사님이 급하게 공항으로 공수하다가 차가 고장이 나 보험사를 부르는 등의 우여곡절이 많았지만 어쨌든 무사히 전달되었고 마침내 플레이스테이션2 <마그나카르타: 진홍의 성흔>이 출시된다. 콘솔 게임을 직접 만들고 출시할 때의 기

---

* 콘솔 게임은 어느 정도 개발이 되었다 싶을 때마다 CD로 제작하여 테스트를 하는데 이것을 테스트 판이라 하며 최종 완성하여 제작하는 것을 골드 마스터라고 한다.

모바일 게임이 만들어지는 과정

플레이스테이션2로 발매된 <마그나카르타: 진홍의 성흔>

뿜과 감격은 그 무엇과도 바꿀 수 없는 소중한 경험이었다. 실장이 고생했다고 플레이스테이션2 최신형과 갓 제작돼 따끈따끈한 마그나카르타 CD를 한 장씩 일일이 악수하며 전달해줄 때 큰 감동을 했다. 팀원들의 고생에 대한 보답인지 마그나카르타 진홍의 성흔은 좋은 평가를 받으며 높은 판매고를 올린다.

마그나카르타가 출시되던 때는 온라인 게임이 본격적으로 쏟아져 나오는 시기이기도 했다. 사람 마음이 참 간사한 게, 그토록 원했던 콘솔 게임을 만들어보자 이번에는 온라인에 욕심이 생기기 시작했다. 온라인 경험이 없으면 정말로 실력 있는 기획자가 되지 못할 수도 있다는 초조함이 스멀스멀 피어올랐다. 경력 5년 차의 기획자는 그야말로 자신감과 자만심이 가득 차올라 있는 상태여서, "난 엄마(혹은 아빠. 원하는 단어로 선택합시다)처럼 살지 않을 거야!" 외치며 집을 나오는 자식처럼, "난 팀장님처럼 비효율적으로 게임 만들지 않을 거예요!" 혹은 "난 훨씬 더 재있게 만들 수 있어요!" 등의 대사를 팀장님에게 외치는 상상을 종종 하곤 했다. 그 당시의 나는 우리 회사 프로세스는 너무 낡았으며, 이걸 개선할 수 있는 사람은 오직 나뿐이라는 생각으로 똘똘 뭉쳐있었다. 하지만 그것이 큰 착각이었다는 것은 나중에 깨닫게 된다.

게임 출시 한 달 후 차기작에 대한 논의가 시작되었다. 나는 의욕적으로 여러 가지 제안을 했지만 받아들여지는 것은 거의 없었다. 기왕 어렵게 콘솔 개발 기술을 익혔는데 그것으로 예전 엔진을 이용해 빨리 게임을 하나 더 내고 (에디션 같은 거로), 그사이 차근차근 새로운 기술을 익혀 차세대 플랫폼을 준비하자는 게 나의 주장이었다. 빨리 게임을 만들 자신이 있었고, 그렇게 해서 타이틀을 하나라도 더 만들고 싶었다. 하지만 회사는 차기작에 대한 결정을 내리기까지 오랜 시간이 걸렸고 그사이 몇 명의 친한 개발자들이 이직을 해버렸다. 그들이 온라인으로 가버린 것을 보면서 더욱 안달이 난 건 당연한 일이었다. 그러던 차에 지인을 통해 스카우트 제의가 들어왔다. 대기업이 게임 사업에 진출하는데, 거기서 일할 인재들을 모집한다는 것이었다. 대기업은 모르겠지만 구인하는 곳이 FPS를 만든다는 얘기에 뒤도 돌아보지 않고 면접을 보러 갔다. 당시의 나는 세상을 바꾸지 못해 안달 난, 스스로 게임 기획 마스터라고 자부하는 건방진 기획자답게 면접에서도 거침이 없었고, 당시 면접관이었던 PD는 지금까지 보지 못한 새로운 건방진 놈의 출현에 기대 반 호기심 반으로 채용을 결정했다. 그렇게 4년 좀 넘게 몸담았던 곳을 떠나 온라인 게임 개발사에 자리를 잡게 된다.

모바일 게임이 만들어지는 과정

Chapter

03

릴리즈

사전 예약

프로젝트는 어떻게 완료되는 걸까? 여기서는 모바일을 예로 들지만, 다른 플랫폼도 크게 다르지 않다. 제안을 통해 어떤 게임을 만들지 결정한 후, 팀이 구성되면 팀원들이 아이디어를 내며 개발한다. 충분히 플레이할 정도로 제작되면 한정된 유저를 대상으로 테스트 후 다듬어 출시하는데, 이 챕터에서는 그 과정에 대해서 알아본다.

릴리즈

릴리즈(release)는 '풀어주다, 석방하다'라는 뜻으로 게임을 드디어 세상에
내보낸다는 뜻이다. 그렇다고 모든 유저에게 바로 선보이는 건 아니고
일부 제한된 유저에게 미리 보여주고 테스트를 한다는 의미가 강하다.
릴리즈는 개발팀 내가 아닌 외부에 보여주는 것이므로 테스트할 인원을
모집하고 다운로드 받을 곳을 준비하며 테스트한 유저의 피드백도 받는
등 준비해야 할 것이 매우 많다.

■ FGT란 무엇인가

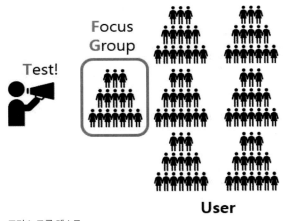

포커스 그룹 테스트

개발팀 내에서만 돌아가던 게임을 외부 인원에게 선보이는 것이므로
최대한 적은 수의 유저를 대상으로 하는 것이 좋다. 퍼블리셔는 우리 게
임을 좋아할만한 유저들을 선별하여 초대, 테스트를 부탁하게 되는데,
이처럼 적은 유저들만 모아 테스트 하는 것을 FGT(Focus Group Test)라고
한다.

모바일 게임이 만들어지는 과정

이보다 좀 더 규모가 크면 CBT(Closed Beta Test)가 되고, 모든 유저에게 완전히 개방하면 OBT(Open Beta Test)가 된다. 이들은 아직 테스트이므로 불안정할 수 있으며 이 모든 것이 해결되고 나서야 정식 론칭하게 된다. CBT나 OBT 모두 FGT의 목적, 준비 과정과 크게 다를 바가 없으므로 여기서는 FGT를 중심으로 설명하고자 한다.

❷ FGT의 목적

FGT의 가장 큰 목적은 두 가지인데 하나는 빌드 안정화, 또 하나는 밸런스다. 팀 내부에서만 플레이하던 것을 외부에 공개하기 때문에 빌드가 불안정할 수 있다. 이를 미연에 방지하기 위해 일정 인원만을 대상으로 테스트하는 것이다.

| FGT의 목적 |
- 빌드 안정화
- 초반 이탈구간 및 밸런스 확인
- 추가되는 시스템 진행 상황 확인
- 운영 확인

또 하나는 밸런스인데, 기획자가 생각한 밸런스가 실제로 유저에게는 어떻게 받아들여지는지 확인하는 기회가 된다. 팀 내에서는 반복 플레이를 많이 해봤을 것이므로 상대적으로 쉽게 느껴지기 마련이니 유저를 통해 테스트 해봐야 한다.

❸ FGT 준비

퍼블리셔는 게임에 집중해서 열심히 플레이해줄 유저를 모집하게 된다.

당연히 게임 장르에 대해 잘 알거나 좋아하며, 플레이할 시간이 되는 유저를 대상으로 테스트를 진행하게 된다. 주로 게임 학원이나 대학의 학생이나 인터넷 카페, 혹은 전문 모객 업체를 통하기도 한다.

예시 테스트 공지

FGT 진행 안내
- 진행일시: 2010년 1월 1일 오전 10시부터 10일 오전 8시까지
- 진행방법: 홈페이지 회원가입 > 설치 파일 다운로드 및 설치 > 오픈 시간에 맞춰 접속 및 플레이
- 진행내용: 플레이에 관한 전반적인 테스트(오류, 밸런스, 기타 사항 등)
- 세부사항: 기타 사항은 공지를 통해 추후 안내

정식 오픈 전까지 진행되는 모든 종류의 테스트는 종료일시마다 모든 유저분들의 데이터가 초기화 되는 점 양해 부탁드립니다.
본 테스트는 오픈 전 버그 수정 및 개선이 필요한 사항을 체크하여 정식 오픈 시 원할한 게임을 하기 위함이므로 유저분들의 많은 관심과 참여 부탁드립니다.
유저분들과 소통하는 게임이 되겠습니다.
감사합니다.

| FGT 준비 |

- 타이틀명: BridgeKeeper
- 플랫폼: 안드로이드 Only(apk)
- 테스트 일정: 1월 1일 ~ 1월 7일
- 대상인원: 100명
- 테스터: 게임을 좋아하는 20대 유저
- 필터조건: 사전질문에서 퍼즐 게임 유경험자 구분

모바일 게임이 만들어지는 과정

테스트 모집한 유저에게 빌드를 보내줄 수 있다면 테스트 준비는 끝났다. 적절한 기간을 정하고 유저에게 테스트 방법을 알려준 후, 빌드를 배포하고 테스트 결과를 확인하면 된다.

4 FGT 진행 및 결과

정해진 기간 동안 테스트를 하면서 유저의 동향을 면밀히 살펴본다. 플레이가 기록되고 있을 것이므로 데이터를 추출해 어디에 문제가 있는지 확인한다. 만약 예상보다 너무 초반부터 고전을 면치 못하고 있다면 재화를 지급해 이후의 후반 콘텐츠까지 플레이할 수 있도록 돕는다.

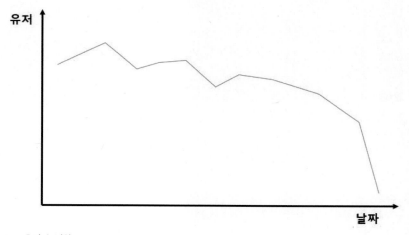

FGT 유저 수 변화

테스트가 종료되면 유저에게 설문지를 배포하여 작성토록 하며, 자료로 만들어 팀에 공유하고 대책을 세운다. 테스트 기간에도 점검과 패치가 자주 이루어지며 그에 따른 공지도 같이 나가게 된다. 이렇게 운영 테스트도 겸하는 것이다.

| 테스트 종료 후 |

○ 테스트 참여자는 설문지 작성

○ 플레이 기록을 개발팀에서 자체적으로 수집

○ 테스트 결과 확인 및 구체적인 피드백 확인

○ 팀 회의 진행

테스트 후 유저 초청 간담회

설문 피드백의 양식은 아래와 같다.

참여자	테스트에 참여한 유저 ID
카테고리	플레이, 일반, 버그 등의 구분
버그 체크	버그 체크 툴에 등록했는지의 여부
제목	유저 피드백의 제목
내용	유저 피드백의 내용
대응	유저 피드백에 대한 예정 대응
담당자	팀 내 담당자 이름
상태	현재 어떻게 처리되고 있는지

설문 피드백

모바일 게임이 만들어지는 과정

5 FGT 플레이 기록

● 스테이지별 기본 데이터

이름	스테이지 이름
번호	스테이지 번호
유저 수	플레이한 유저 수
플레이 횟수	플레이를 몇 번 했는지
평균 플레이 횟수	평균 몇 번 플레이했는지 플레이 횟수를 유저 수로 나눔
클리어 유저 수	몇 명이 클리어했는지
클리어/시도 횟수	몇 번의 시도 끝에 클리어했는지

스테이지 기본 데이터

어느 스테이지를 몇 명의 유저가 플레이했고, 클리어했는지에 대한 전체적인 기록이다. 분석 데이터는 이를 기반으로 세부적으로 나뉜다.

● 달성한 최종 스테이지별 유저 수

이름	스테이지 이름
번호	스테이지 번호
유저 수	해당 스테이지까지 도달한 유저 수

스테이지 유저 수

난이도에 대한 부분을 확인할 수 있다. 특정 스테이지 이후 도달한 유저 수가 적다면 그 스테이지 난이도가 높다는 뜻이다.

● 스테이지별 평균 플레이 타임

이름	스테이지 이름
번호	스테이지 번호
평균 실행(초)	해당 스테이지를 클리어할 때까지 걸린 시간(초)

평균 플레이 타임

스테이지 클리어할 때 걸리는 시간이다. 예를 들어 전투 시간이 5분 인데, 이것이 적절한지를 알아보는 것이다. 특정 스테이지만 클리어 시 간이 짧거나 길다면 밸런스를 조정해야 한다.

● 유저 최종 레벨

레벨	유저레벨
인원수	유저 수

유저 최종 레벨

유저레벨을 달성한 유저 수를 나타낸다. 가장 유저가 몰린 구간을 찾 아볼 수 있으며 유저들이 그 레벨을 달성하고 많이 빠져나갔다는 뜻이 다. 유저레벨 올릴 때의 플레이 타임을 알 수 있다면 유저들이 평균 몇 시간을 하는지 알 수 있다.

● 자원 획득 및 소모

젬	젬 보상 획득	퀘스트 보상으로 젬을 얼마나 획득했는지
골드	골드 보상 획득	전투 클리어 보상으로 골드를 얼마나 획득했는지

자원 획득과 소모

재화를 어떤 방법으로 얼마나 얻었는지 확인한다. 경제 기획에게 매 우 중요한 데이터이다. 여기서 조금 더 확장하면 획득한 재화를 어디에 썼는지도 확인할 수 있다.

● 행동 포인트 획득

던전	던전 클리어 후 획득
퀘스트	퀘스트 보상으로 획득

행동 포인트 획득

모바일 게임이 만들어지는 과정

행동 포인트를 어디서 얻었는지를 확인한다. 행동 포인트 사용량은 엄격히 관리되어야 하며 그러기 위해서는 기본 제공된 양 이외에 어디서 얼마의 행동 포인트를 추가로 얻었는지도 확인할 수 있어야 한다.

● 캐릭터 소환

성급	소환된 캐릭터의 성급
소환 횟수	몇 번 소환되었는지

캐릭터 소환

소환 확률이 제대로 작동하고 있는지 알 수 있다.

● 리텐션 레이트

리텐션은 한 번 접속했던 유저가 다시 접속하는 비율을 뜻한다. 리텐션이 높을수록 유저가 다시 접속한 횟수가 많다는 것이고 이는 게임이 재미있다는 뜻이다. 결국 성공으로 이어지는 수치이므로 매우 중요하다.

가입 일자	D+0	D+1	누적 가입자
2010.02.20	1,432	2,287	3,719

가입자 수 추이이

D+0은 테스트 첫날이며 가입일자가 나아갈수록 신규로 들어오는 유저의 수는 적어지기 마련이므로 그보다는 오픈 후 날짜가 지남에 따라 얼마의 유저가 반복해서 들어오고 있는지를 확인해야 한다. 위의 표를 %로 환산하면 리텐션 확률이 나온다. 성공할 확률이 높은 게임일수록 리텐션 확률이 높게 나온다.

⑥ FGT 피드백 작업

카테고리	중요도	내용
비주얼	B	전투 중 궁극기 수치를 알 수 있도록 해 달라는 건의
비주얼	B	궁극기 발동 후 페이즈가 넘어갈 경우 해당 발동 잔여시간을 유지해 달라는 건의
비주얼	B	스킬 게이지가 100%를 넘을 경우 잔여 수치를 유지해 달라는 건의
비주얼	B	일시정지 상태에서 캐릭터 터치 시 스킬이나 스테이터스 등 설명을 볼 수 있도록 해달라는 건의
비주얼	B	설정에서 ON/OFF 뿐 아니라 볼륨조절 기능을 넣어달라는 건의
비주얼	A	옵션 구분이 잘 되지 않는다며 더 눈에 띄는 색으로 구분하고 터치가 어려운 경우가 있으니 크기를 키워 달라는 건의
비주얼	C	캐릭터 사망 시 위치 채움 형태가 아닌 교체 사용 가능으로 적용해 달라는 건의
비주얼	B	스킬 설명이 읽기 힘들다며 색 구분 및 좀 더 올리거나 하여 읽기 쉽도록 해달라는 건의
비주얼	B	캐릭터 선택 화면에서 다음/이전 보기 기능을 넣어달라는 건의
비주얼	B	하드모드를 최초 선택했을 때, 하드모드의 장단점을 알려주는 안내의 유지시간이 너무 짧다며 확인 버튼 등을 도입해 유저가 모두 읽을 수 있도록 제공해 달라는 건의

모바일 RPG 테스트 결과

유저들이 준 소중한 피드백을 정리하여 작업 문서를 만든다.

② 검수

테스트를 통해 게임의 최종 확인이 끝나면 게임을 서비스할 플랫폼인 앱스토어 혹은 구글 플레이에 검수 신청을 해야 한다. 혹은 퍼블리셔를 통해 국내 플랫폼에 론칭하는 방법도 있다. 어디에 론칭하는가에 따라 다르지만 검수 항목은 대략 아래와 같다.

모바일 게임이 만들어지는 과정

| 검수 과정 |
- 서비스를 원하는 회사와 계약 진행
- 서비스 회사에서 지정한 검수 리스트 체크
- apk 빌드 전달
- 검수 및 대응 반복
- 론칭

먼저 서비스를 해주길 바라는 곳에 연락하여 론칭 의사를 밝히고, 관련 계약을 확인한다. 이때 필요한 체크 리스트 등이 오가며 개발사에서는 apk 빌드를 포함한 서비스 관련 자료를 제공한다. 서비스 회사는 빌드를 테스트하며 성공할 수 있는 게임인지 확인, 최종적으로 계약을 맺게 된다.

| 검수 체크 주요 리스트 |
- 완성된 게임(최종 릴리즈) 버전이어야 할 것
- 연령 제한이 있는지, 모든 상품의 결제 테스트에 이상은 없는지
- 정책확인용 디바이스(안드로이드와 아이폰 임의 선택) 및 검수용 UDID

검수 체크는 게임이 서비스 회사가 원하는 양식에 맞춰 정상적으로 구동되는지에 대한 확인이다. 게임 자체가 잘 돌아가는 것은 물론이고, 결제나 광고, 유저 알람 등 폭넓게 테스트한다. 여기까지 확인이 완료되면 플랫폼에 업로드하기 위한 대부분의 절차는 끝났다고 볼 수 있다.

| 검수 세부 체크 리스트 일부 내용 |
- 아이콘은 어떤 형태로 출력되며 동작에 문제는 없는지, 약관은 노출되는지
- 설치 후 추가 데이터 다운로드, 로그아웃 등의 동작은 제대로 되는지

○ 튜토리얼 스킵, 구매 안내 팝업창 소거 등의 확인

○ 인게임 재화, 캐쉬 결제 확인

위의 내용들을 모두 준비하여 서비스 회사에 보내면 체크 후 완료
된다.

③ 사전예약

몇 번의 테스트를 거치며 충분히 완성되었다면 마침내 오픈만 남았다.
그 전에 사전예약을 하게 되는데, 이것은 게임이 정식으로 오픈하기 전
유저에게 기대감을 높여 더 많은 유저가 게임을 플레이하도록 유도하는
일종의 광고다. 사전예약 인원이 많을수록 광고 효과가 크기 때문에 개
발사는 여러 가지 보상과 혜택으로 모객에 나선다. 퍼블리셔가 초반에
가장 영향을 발휘할 수 있는 부분 중 하나다.

쿠키런 사전예약

모바일 게임이 만들어지는 과정

사실 회사의 자금 사정에 가장 많이 영향을 받았겠지만 그런 거는 잊어버리자. 유저에게 "드디어 우리 게임 오픈해요!"라고 광고하고 만반의 준비를 한다. 다시 한번 게임 콘텐츠를 전체적으로 점검하고 서버는 이상 없는지, 그래픽은 깨지는 거 없이 잘 나오는지 등을 확인한다. 마침내 모두 준비되었다면 드디어 오픈!

④ 오픈

오픈 전 작업 확인 그룹 미팅

오픈하면 유저들이 밀물처럼 쏟아져 들어오기 때문에 정말 정신이 없다. 서버가 터지거나 밸런스 문제가 생기는 등 전혀 예상치 못한 일들이 여기저기서 일어난다. 유저들은 새로운 게임의 탄생을 축하해주면서도 단점을 매섭게 지적한다. 개발팀은 유저 플레이 분석은 커녕 버그 고치느라 정신없다. 그렇게 약 일주일 지나고 어느 정도 안정되고 나서야 오픈했다는 실감이 든다.

1 라이브 서비스

소울아크 공식카페

콘텐츠 이외에도 서비스 중 일어나는 여러 가지 문제에 대해 체계적으로 대응해야 한다. 그렇지 못할 경우 유저 요청과 버그, 콘텐츠 개발, 이벤트 등 해야 할 일이 동시다발적으로 일어나 개발팀이 혼란에 빠질 수 있다. 가장 중요한 것은 운영팀과 개발팀의 긴밀한 협조다. 운영팀이 공식 카페나 홈페이지 등을 통해 유저 동향을 파악하고 그것을 개발팀에 전달, 업무의 우선순위를 정해 하나씩 차근차근 해결해 나가야 한다.

2 신규 콘텐츠 개발

'오픈하면 유저 반응 보고 콘텐츠를 개발하면 되겠지'라고 생각했다면 그것은 큰 오산이다. 오픈하면 대응하기 바쁘므로 신규 콘텐츠를 개발

모바일 게임이 만들어지는 과정

할 생각은 한동안 아예 못하게 된다. 그래서 오픈 전에 미리 만들어둬야한다.

중요한 것은 모처럼 유입된 유저가 이탈하지 않도록 새로운 콘텐츠나 이벤트를 지속해서 업데이트해야 한다는 것이다. 유저가 전투에 몰입한다면 PvP를, 꾸미기라면 스킨을, 장비라면 장비 강화나 옵션을 추가한다.

| 신규 콘텐츠는 미리 준비할 것 |
○ 오픈 후 한 달 이내에 추가할 수 있는 콘텐츠를 미리 개발해 둔다.
○ 상황을 보면서 다음을 개발한다.

많은 게임들이 오픈 준비에만 급급해서 정작 오픈 후 유저가 많이 몰려들었을 때 추가로 제공할 콘텐츠가 없어 실패하는 경우가 많다. 마치 테이블만큼의 음식 재료만 준비했다가 손님이 많이 몰려들자 재료가 없어 장사를 못하는 식당과 같다. 이것이 매스 프로덕션 단계에서 오픈 후 한 달 이내에 추가할 수 있는 콘텐츠를 미리 준비해야 하는 이유다. 모바일 게임은 유저 이탈이 심해서 오픈 후 유저가 떠나기 전에 붙잡아 놓을 수 있는 콘텐츠가 필요하다. 이후에는 라이브 상황을 보면서 유저가 원하거나 부족하다고 생각되는 것을 개발해 나가면 된다.

❸ 라이브 중 버그 수정

라이브를 진행하다 보면 전혀 예상치 못한 버그들이 나오기 마련이다. 버그를 막는 건 애초에 불가능하고 발견한 버그를 어떻게 신속하게, 그리고 유저에게 피해가 최대한 적게 처리하느냐가 관건이다. 버그는 크게 네 가지로 나뉜다.

| **버그의 종류** |

○ 작동의 오류

○ 수치의 오류

○ 리소스의 오류

○ 운영의 오류

작동의 오류 중 가장 대표적인 건은 서버가 다운되어 게임 접속이 안 되는 것이다. 가장 흔하면서도 가장 치명적인 오류 중 하나인데, 주로 유저가 많이 몰리거나 로직에 문제가 있는 플레이로 오류가 생기는 등의 현상이다. 이유야 어쨌건 최대한 빨리 재접속 되도록 해야한다. 언제 어떻게 다운될지 모르는 서버 때문에 게임 회사에서는 백업 서버를 별도로 마련해 둔다.

수치의 오류는 게임 내 값이 잘못 들어가 있는 경우를 말한다. 아이템을 되팔았는데 살 때보다 더 많은 가격을 쳐준다던가, 몬스터를 공격했는데 대미지가 전혀 들어가지 않는다던가 등이다. 작동 상의 오류는 눈에 바로 보이지만, 수치의 오류는 겉으로 보기에는 게임이 돌아가기 때문에 발견하기가 힘들다. 만약 캐쉬와 관련된 것에서 오류가 생기면 그것은 서버가 다운되는 것보다 더 큰 문제를 불러온다. 기획자가 중요한 이유는 이런 수치의 오류를 막는 책임이 있기 때문이다.

리소스의 오류는 그래픽 리소스나 사운드, 텍스트에 해당되는데, 원래 들어가야 할 리소스가 아닌, 다른 리소스가 들어가 있거나 아예 빠져 있는 경우를 말한다. 정신없이 빌드하다가 빼먹은 경우가 많으며 실제로 업데이트 되기 전 QA에 의해 대부분 체크된다.

운영의 오류는 운영팀이 개발팀과 정확한 정보를 공유하지 못하거나 단순 실수로 유저에게 잘못된 정보를 알려주거나 운영자가 게임 운영에

모바일 게임이 만들어지는 과정

서 실수를 할 때 발생한다. 이를 방지하기 위해 운영자는 개발팀과 긴밀한 관계를 맺고 지속적으로 유저를 위한 모니터링을 진행해야 한다.

| 버그 수정 과정 |
- 유저가 버그를 찾아 공식 카페나 게시판에 제보
- 운영팀에서 확인하고 버그 체크 리스트에 기입. 개발팀에 알림
- 개발팀 QA가 버그를 재현해 봄. 분석하여 관련자들에게 전달
- 버그 수정 후 테스트 서버에서 테스트
- 최종 확인 후 업데이트
- 배포 및 공지 안내, 보상이 필요하면 같이 진행

버그가 발생하면 최대한 빨리 원인을 찾고 수정해서 업데이트 하는 것이 중요하다. 주로 위와 같은 과정으로 처리된다.

4 수익 모델 관리

회사는 돈을 벌어야 하므로 오픈 후 가장 중요한 요소는 수익 모델이다. 유저가 돈을 어디에 쓰는지 파악하고 더 많이 쓰게 만들 방법은 없는지 퍼블리셔와 의논한다. 그렇다고 밸런스를 파괴할 정도로 과금을 시키면 유저가 떠나게 되므로 수위를 잘 조절해야 한다. 사업팀은 유저의 플레이를 분석하여 과금 포인트를 정확히 잡아내고, 앞으로 추가되는 콘텐츠에서도 과금할 수 있도록 조절해야 한다.

| 수익 모델 |
- 유저 패턴을 분석하여 이를 토대로 결정
- 신규 콘텐츠에 대한 결정

수익 모델은 게임이 오픈하기 전부터 존재하는데, 이것은 퍼블리셔가 자사의 경험 혹은 비슷한 장르의 타 게임 중 가장 매출이 좋다고 생각되는 모델을 바탕으로 설정한 것이다. 물론 개발사에서 중요하다고 생각하는 수익 모델이 우선이다.

5 콘텐츠 개발과 라이브 대응은 분리

개발팀 규모가 작으면 할 수 없지만 만약 인원이 어느 정도 된다면 콘텐츠 개발과 라이브 대응은 나누는 것이 좋다. 한 팀에서 개발과 대응을 모두 한다면 라이브 대응만으로 업무가 가득 차서 콘텐츠 개발을 할 수 없기 때문이다. 그렇게 되면 당장은 대응을 잘해서 좋을지 몰라도 콘텐츠가 없어 떠나는 유저를 잡을 방법이 없다. 라이브 대응에 부족한 점이 있다고 해도 미래를 생각하면 콘텐츠가 반드시 개발되어야 한다.

모바일 게임이 만들어지는 과정

그렇게 바라던
기획팀장이 되었지만

첫 출근은 언제나 설레지만 나는 두 가지 이유로 특히 두근거렸다. 하나는 드디어 온라인 게임을 만들게 되었다는 것, 또 하나는 기획팀장이 되었다는 것이다. 예전 회사에서는 파트장도 되지 못했는데, 지금이야 그 당시 인성이 부족해서 못 되었다는 것을 이해하지만, 당시엔 회사가 정말 인재 볼 줄 모른다는 불만이 가득하던 시기라 그것도 이직의 이유가 되었다.

팀은 이제 막 세팅되는 단계여서 팀원이 5명이었다. 그리고 우리는 모두 FPS를 만들어본 적이 없었다. 나는 FPS는 물론 온라인도 처음이지만 기획팀장이라는 책임감 하나로 닥치는 대로 열심히 일했다. 하지만 한 달 지나서 프로그램 팀장이 입사하면서 나의 방법이 잘못되었음을 깨닫게 되었다. 전 회사에서 MMORPG를 서비스했던 경험이 있었던 그는 온라인 게임은 콘솔처럼 클라이언트 위주로 기획해서는 안 되며, 항상 서버도 염두에 두어야 한다는 것을 강조했다. 그는 설계도 수준의 세세한 기획서를 원했는데 그것은 전 회사에서 개발자들과 얘기하며 요약한 내용만 기획서로 쓰던 내 방식과는 완전히 달랐다. 그것 때문에 여러 번 충돌이 생겼고 이것은 팀 전체에 안 좋은 영향을 끼쳤다. 결국 이대로 가다가는 아무것도 안 되겠다는 위기감이 들었고 프로그램 팀장이 원하는 대로 아주 디테일한 기획서를 쓰기 시작했다. 프로그래머들은 만족했지만, 기획서에 온통 정신이 팔려 아무리 재미있는 아이디어라도 기획서

H.A.V.E 온라인

작성이 힘들면 버렸다. 가장 큰 문제는 기획서에 시간을 많이 뺏기다 보니 작업 진행 상황을 체크하기 힘들어 구멍이 나기 시작했다. 나는 기획자들을 본격적으로 채용하기 시작했다. 다행히 우수한 팀원들을 구할 수 있었는데, 인원이 늘어나자 이번엔 기획팀장으로서 관리의 문제가 떠올랐다. 본인이 직접 쓰는 기획서도 만족스럽지 못한데 팀원들이 각각 다른 업무 내용으로 쓴 기획서를 보고 있자니 큰 혼란이 생겼다. 결국 낮에는 수많은 회의를 통해 팀원들 업무를 확인하고 타 파트와의 작업을 연계하면서, 밤에는 내 몫의 기획서를 정리해 나갔다. 가장 힘들었던 건 프로젝트가 맞는 방향으로 잘 진행되고 있는가였다. 내 바로 위의 PD는 본인은 그래픽 출신이니 그래픽은 확실하게 책임지지만, 스스로 기획은 모르므로 어떤 게임을 어떻게 만들지는 전적으로 나에게 일임한다고 했다. 처음에는 나를 믿어주는 고마운 말이라고 생각했지만, 프로그램팀과 개발에 대한 충돌이 잦아지자 구현하는 데 급급해져서 앞뒤를 살펴볼 겨를이 없었다. 기획팀장은 위로는 PD가 무엇을 생각하는지 정확히 캐치하고, 옆으로는 프로그램팀, 그래픽팀과 커뮤니케이션하며, 아래로는 기획팀원들을 돌봐야 하는 힘든 자리였다. 그제야 예전 회사 팀장들이 얼마나 힘들었을지 깨닫게 되면서 나는 부족한 실력에 잘난 척만 하는 기획자일 뿐이라는 것을 깨달았다. 그 이후로 최대한 겸손함을 잃지 않으면서 업무에 집중했고, 나의 독단

모바일 게임이 만들어지는 과정

적인 스타일에 반감을 가졌던 프로그램과 그래픽이 다시 돌아오면서 프로젝트는 다시 궤도에 올랐다. 마침내 3년을 개발한 끝에 HAVE 온라인이라는 TPS 게임이 출시되었고 회사가 유지될 정도의 수익을 냈다. 하지만 차기작에 대한 논의는 이루어지지 않았다. 앞으로 어떻게 할지 고민할 때 예전 회사 동료가 연락해왔다. 스카우트 제의였다.

새로 스카우트 제의가 들어온 곳은 이제 막 회사가 설립된 곳이었다. 사장은 외국 유명 대학을 졸업하고 국내 대기업을 다니다가 게임의 가능성을 보고 퇴사 후 창업했다. 스스로가 엘리트인 만큼 개발자들도 소수의 엘리트만 뽑을 생각이었는데, 어쩌다 보니 나에게까지 연락이 닿게 된 것이다(내가 절대 엘리트는 아니다. 그야말로 어쩌다 연락이 된 것이다).

사장과 만나기로 한 곳은 호텔 커피숍이었다. 그는 소셜 게임이야말로 성공할 가능성이 가장 높은 장르이며 자신의 인맥과 능력으로 반드시 이뤄내겠다는 의지를 보였다. 사업가적인 기질이 매우 강한 사람이구나, 뭔가 되긴 하겠다는 인상을 받았다. 사무실은 땅값 비싸기로 유명한 삼성동에 위치했다. 탕비실 창문을 통해 N사가 보여서 언젠가 저곳을 뛰어넘어주겠다고 생각했다.

팀원은 사장 포함 6명이었다. 특히 프로그래머들의 실력이 쟁쟁했는데 대형 포털 메인 프로그래머부터 시작해서 최소 외국계 회사에서 메인을 담당했던 사람들이었다. 이후에 합류한 UI 디자이너도 산전수전 다 겪은 베테랑이었다. 우리는 할 수 있다는 자신감에 가득 찼는데 특히 사장이 외국계 유명 게임 회사로부터 공동개발권을 따냈을 때가 가장 좋았던 것 같다. 공동개발하기로 한 게임은 완전히 생소한 장르의 게임이었다. PD로서 팀원들에게 이해시키고 개발 방향을 제시해야 하는데 나도 모르는 게임인 데다가 프로그래머들이 잘하는 사람들이라 부담이 정말 컸다. 더 힘든 것은 외국계 회사라 영어를 써야 했는데 팀에서 나만 못 한다는 게 문제였다. 아침 7시면 회의실에 모여 스피커

폰으로 저쪽과 컨퍼런스 콜(국제회의)을 했는데 모두 영어로 의사소통을 하지만 나는 예스 아니면 노만 대답했다. 그렇게 새벽에는 회의를 하고 밤늦게까지는 게임을 만들었다. 개발은 막막했지만 프로그래머들이 워낙 뛰어나 어떻게든 진행이 됐다. 인상적이었던 것은 기획서를 써서 줬더니 프로그래머가 이렇게 복잡한 기획서는 아무도 읽지 않는다며, 구현하고 싶은 내용을 한 장 이내로 써서 달라는 것이었다. 그때 프로그래머도 여러 타입이 있으며 그것에 맞게 기획서를 써야 한다는 것을 깨달았다.

모바일 게임이 만들어지는 과정

실제 게임
개발 사례

Part

03

Chapter

01

전투 시스템

소울아크 전투

전투 시스템은 공격자와 피격자가 서로 공격을 주고받는 것을 플레이 요소로 만들어내는 기
획이다. 전투야말로 유저가 캐릭터를 조작하여 적을 쓰러뜨리는 재미를 느끼는 동시에, 캐릭
터를 얼마나 강하게 키웠는지 바로 알 수 있는 게임 내 가장 중요한 콘텐츠이다.

실제 게임 개발 사례

① 캐릭터 구성 요소

전투는 캐릭터 간에 이루어지므로 캐릭터를 이루는 구성 요소부터 알아봐야 한다.

■ 스테이터스

캐릭터는 내부적으로 다양한 값을 갖고 있다. 공격력, 방어력, 체력, 민첩성, 치명타 등이며 이것을 스테이터스라고 한다. 게임마다 스테이터스가 더 많거나 적을 수 있지만 여기서는 이 다섯 가지 대표 스테이터스를 기본으로 설명하고자 한다. 전투는 캐릭터 간의 스테이터스를 비교 연산한 것으로 승패를 결정한다. 간단히 체력이 먼저 0이 되는 쪽이 패배한다고 보면 된다.

체력	상대의 공격에 죽지 않고 살아남는 값.
공격력	상대에게 대미지를 주는 값.
방어력	상대의 공격을 막아내는 값.
공격속도	얼마나 빠르게 공격할 수 있는지의 값.
치명타	치명상을 입힐 확률의 값.

스테이터스 종류

스테이터스의 가장 큰 존재 이유는 캐릭터 간의 전투에서 승패를 결정하기 위함이다. 스테이터스가 높을수록 전투에서 승리할 가능성이 높아지고, 유저는 이를 위해 스테이터스 값을 올리는 플레이(캐릭터 성장)를 하게 된다.

소울아크 캐릭터 스테이터스

스테이터스는 꼭 필요한 종류만 설정하도록 한다. 종류가 많으면 캐릭터 성장을 다양하게 시킬 수 있지만 밸런스 조절이 어려워진다.

2 직업

캐릭터의 스테이터스 중 특정 값이 높은 것을 그룹화한 게 직업이다. 캐릭터에게 직업이 있는 이유는 스테이터스 값과 스킬을 그룹화하여 특성을 강조, 전투에서 각자의 역할을 하도록 만들기 위함이다.

실제 게임 개발 사례

라스트오리진 장형 공격기

| 직업의 특징 |
- 스테이터스 중 특정 값이 높은 캐릭터끼리 모아 놓은 것
- 직업에 따라 스킬의 특성 결정

위와 같이 직업은 전투에 직접적으로 영향을 주는 요소는 아니다. 다만 캐릭터를 분류할 때, 예를 들어 특정 직업을 소환하거나 아이템을 구분할 때 사용되는 정렬 기준이 될 수는 있다. 물론 게임에 따라서 직업적 특색을 플레이에 연관시켜 전투에 직접적으로 영향을 주는 요소로 만들 수도 있다.

③ 속성

전투할 때 캐릭터가 갖고 있는 스테이터스에 의해 승패가 결정되는 것은 맞지만, 이렇게 할 경우 스테이터스가 높은 캐릭터가 무조건 승리하는 전투 패턴이 나와 재미없을 수 있다. 약간의 스테이터스 차이라면 누가 이길지 모르는 상황이 더 재밌을 것이다. 이를 위해 캐릭터마다 고유의 특성을 더해, 특성끼리 서로 물고 물리는 관계를 만드는데 그것을 속성*이라고 한다.

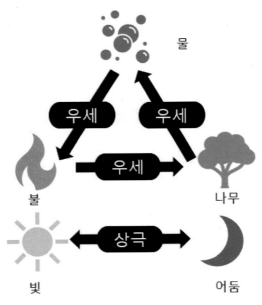

속성 관계

모든 캐릭터는 반드시 한 가지 속성을 갖고 있으며 전투가 벌어졌을 때 공격자와 피격자의 속성에 따라 전투에 영향을 끼친다.

---

* 모바일 게임 <갓 오브 하이스쿨>을 비롯한 많은 게임에서 사용되는 속성 시스템을 참고했다.

실제 게임 개발 사례

속성	물	불	나무	빛	어둠
물	X1	X2	X0.5	X1	X1
불	X0.5	X1	X2	X1	X1
나무	X2	X0.5	X1	X1	X1
빛	X1	X1	X1	X1	X2
어둠	X1	X1	X1	X2	X1

<갓 오브 하이스쿨> 속성 관계를 수치로 나타낸 표

위 속성 표에서 숫자는 간단히 말해 상대에게 대미지를 줄 때 거기에 곱하는 값이다. 예를 들어, 물이 물을 공격할 땐 1배로 대미지가 그대로지만, 물이 불을 공격할 땐 2배의 대미지가 들어가는 것이다.

② 전투 공식 만들기

전투기획에서 가장 중요한 것은 잘 짜인 전투 공식이다. 전투 공식은 나와 적이 공격하거나 방어할 때 계산되는 대미지를 공식으로 표시한 것이다. 전투에서 A가 B를 공격하는 상황을 가정하고 둘 사이의 전투가 전투 공식에 의해 어떻게 진행되는지 알아보자.

| A와 B의 공방 |
○ A가 B를 공격한다.
○ B는 A의 공격을 방어한다.
○ B는 A의 공격을 모두 방어하지는 못하고 대미지를 받는다.

이를 간단하게 계산해보자. A의 공격력이 10이고, B의 방어력이 5라고 하면, A가 B를 공격하고 B가 이를 방어하면 10 - 5 = 5의 대미지를 받게 된다. 이를 계산식으로 보면

| 대미지 계산식 |

○ = 공격력 - 방어력

위와 같이 정리할 수 있다. A와 B 모두 공격력과 방어력에 해당하는 공격력, 방어력 스테이터스를 가지고 있다. 즉, A의 공격력 10, B의 방어력 5가 되어 아주 간단하게 전투 공식을 만들 수 있다. 다만 실제 게임에서는 훨씬 복잡하게 사용된다. 아래를 살펴보자.

■ A의 공격력 계산

A의 공격력에는 여러 가지 요소들이 영향을 주는데 기본적으로 가진 값으로 1차 계산을 끝내고, 외부 환경적인 요소로 2차 계산을 해야 한다.

1차 계산	A가 기본적으로 가진 것
2차 계산	A에게 영향을 주는 외부 요소

계산 단계

■ 1차 계산

A가 가진 스테이터스, 스킬, 그리고 장착하고 있는 장비의 공격력 합산이다. 공식으로 하면 아래와 같다.

| A의 1차 공격력 |

○ = (캐릭터 공격력) + (스킬 공격력) + (장비 공격력)

실제 게임 개발 사례

예를 들어, 캐릭터 공격력이 10, 스킬 공격력이 5, 장비 공격력이 3이
라고 하면,

| **A의 1차 공격력** |

○ = 10 + 5 + 3 = 18

이 된다. 이제 여기서 2차 계산에 들어간다.

❸ 2차 계산

A가 가진 속성과 B가 가진 속성의 관계, 전투가 벌어지고 있는 맵에
적용된 버프 혹은 디버프(스테이지 버프)도 계산해야 한다.

| **A의 2차 공격력** |

○ = A와 B의 속성 관계, 스테이지 버프 등 추가 효과

예를 들어, A가 수속성이고 B가 화속성이라면 A는 B에게 2배의 대미
지를 준다. 스테이지에 적용된 스테이지 버프가 수속성의 속성 증가를 2
배로 한다고 하면

| **A의 2차 공격력** |

○ = 2 * 2

위에서 A의 1차 공격력은 18이었고, 속성값은 상극이어서 2배, 스테
이지 버프는 수속성 강화 2배였으므로 계산하면 아래와 같다.

| A의 2차 공격력 |

○ = 18 * 2 * 2

○ = 72

따라서 A의 공격력 총합은 72가 된다. 처음에 A의 1차 공격력이 18이었음에도 불구하고 속성과 스테이지 버프에 의해 4배나 증가했다. 이것은 전투가 어디서, 어떤 속성의 상대와 하는지가 중요하다는 것을 말해준다.

만약 속성값이나 스테이지 버프의 영향력이 이렇게 크지 않기를 원한다면 1차 공격력 결괏값에 곱하지 말고, 캐릭터 공격력에만 곱하거나, 스킬 공격력에만 곱하는 등 범위를 축소하면 된다. 1차 계산과 2차 계산을 합산하여 비로소 A의 공격력 계산을 끝냈다. B의 방어력도 이와 같은 방법으로 계산한다. B의 방어력은 50이라고 가정하자. 그러면 아래와 같이 된다.

| 대미지 방어 계산식 |

○ = 72 - 50

○ = 22

A가 B를 공격했을 때 22의 대미지를 입힌다. B의 체력이 100이라고 한다면, 100 - 22 = 78이 되어 살아남는다.

③ 전투 공식의 확장

기본값을 도출하는 공식을 만들었다면 여기에 적당히 변수를 넣어서 숫자가 예쁘게 뽑히도록 가공한다.

| 공격력 |

○ = (모든 공격력) * (100 / ((모든 공격속도) * 속성 * (모든 치명타))) * 버프 or 디버프

위에서 없었던 100이라는 숫자, 나누기, 공격속도, 치명타 등이 들어갔다. 이렇게 하면 공격력에 영향을 주는 요소들이 늘어나 전투 변수가 좀 더 증가한다. 100이라는 변수는 게임에서 숫자 단위를 조절하거나 밸런스를 맞추기 용이하도록 임의로 넣는 값이다.

🔢 랜덤값

위에서 기본 공식에 대해 알아보았다. 이렇게 하면 공식이 단순하고 깔끔해서 누구나 알아보기 쉽다. 근데 이 누구나 알아보기 쉬운 것이 가끔은 문제가 될 수 있다. 값이 너무 눈에 보이기 때문에 전투에서 변수가 일어나기 힘들다. 재미가 발생하는 이유 중 하나는 의외성이므로 이를 일으킬 수 있는 범위값을 넣어보자.

장비 공격력	10 ~ 30 사이의 공격력
스킬 치명타	0~100% 사이의 치명타 발생 확률

랜덤값 부여

이렇게 랜덤값을 넣게 되면 공격력의 변수가 더 다양해진다.

| 공격력 변수 |

○ 공격력이 적게 나오는 경우 = 10의 공격력과 치명타 0% 발생 → 10
○ 공격력이 많이 나오는 경우 = 30의 공격력과 치명타 100% 발생 → 30 * 2 = 60

게임에 따라 공격력과 방어력에 영향을 주는 요소, 랜덤값을 적절히 섞어주면 전투 공식이 완성된다. 물론 많은 테스트가 뒤따라야 함은 당연하다.

2 체력 포함 계산

전투와 관련된 값을 가정하여 실제로 공격과 방어에 대한 구체적인 예를 들어보자.

| 공격력 |
○ = 100

이것은 공격자에게 맞으면 100의 대미지를 받는다는 것이다. 만약 피격자의 체력 = 150이면 공격자에게 공격받았을 때 150 - 100 = 50이 남게 된다. 공격을 당하자마자 쓰러지면 재미가 없으니 2회는 견딜 수 있게 피격자의 체력 = 300으로 설정해보자. 테스트해 보니 그래도 너무 빨리 쓰러진다. 체력을 더 늘리는 방법도 있지만 그래서는 전투에서 변수가 너무 적다. 체력이 많으면 무조건 오래 버틸 수 있으므로 결국은 체력 싸움이 되어서 단순해진다. 그래서 방어력을 올려보겠다. 방어력 = 50이라고 하면 공격력의 거의 반을 막아내게 되므로 결과적으로 공격을 5회 견딜 수 있게 된다.

| 공격자가 피격자를 1회 공격했을 때 피격자의 체력 |
○ = 피격자의 체력 - {공격자의 공격력 - 피격자의 방어력}
○ = 300 - (100 - 50) = 250

실제 게임 개발 사례

방어력이 추가됨으로써 전투에 변화가 생겼다. 공격속도는 얼마나 빠르게 공격할 수 있는지에 대한 것이다. 만약 전투가 실시간으로 이루어진다면 같은 시간 동안 더 많이 공격할 수 있는 쪽이 유리하다. 1초에 1회 공격하는 것을 공격속도 = 60이라고 해보자. 2회 공격한다면 공격속도 = 120이 될 것이다. 여기에 공격력까지 더하게 되면 초당 대미지를 계산할 수 있다. 캐릭터 A와 B를 아래와 같이 설정해 보겠다.

캐릭터	공격력	공격속도
A	100	120
B	150	60

캐릭터 스테이터스

공격력만 보면 캐릭터 B가 더 높으므로 더 강하다고 생각할 수 있다. 그러나 공격속도는 A가 두 배 더 높다. 이것을 초당 공격력으로 계산하면 아래와 같다.

| 캐릭터 공격력 |
- 캐릭터 A의 초당 공격력 = 공격력 * 공격속도 = 100 * (120/60) = 200
- 캐릭터 B의 초당 공격력 = 공격력 * 공격속도 = 150 * (60/60) = 150

즉, 같은 시간이면 캐릭터 A가 더 많은 대미지를 줄 수 있다. 마지막으로 치명타는 최종 대미지에 곱해지는 변수로, 특정 상황이 맞았을 때 추가로 들어가는 대미지로 보면 된다. 여기까지 정리하면 전투 공식은 아래와 같다.

| 피격자의 남은 체력 |
- = 체력 - {(공격력 * 공격속도/60) - 방어력} * 치명타

④ 스킬을 잘 만들어야 전투가 재미있다

스테이터스와 속성만으로는 전투에 변화를 주기 여전히 부족한 감이 있다. 둘이 싸움을 붙여놓으면 짜여진 계산식에 의해 결과가 정해지기 때문이다. 이래서는 재미가 없다.

뭔가 화려하면서도 유저가 직접 상황을 컨트롤하여 전투를 주도해 나가면 더욱더 재미있을 것이다. 이렇게 유저가 조작하거나 특정 조건을 만족했을 때 발동되어 전투에 변화를 주는 요소를 스킬이라고 한다. 스킬은 크게 패시브 스킬과 액티브 스킬로 나뉜다. 게임마다 약간씩 달라 정확히 설명하기 어렵지만 패시브는 장착하고만 있어도 효과가 발동되는 것, 액티브는 직접 터치해서 발동하는 것으로 이해하면 된다.

모바일 RPG에는 패시브와 액티브를 바탕으로 보통 네 가지 스킬이 있다. 게임마다 다를 수 있으므로 〈소울아크〉를 예로 알아보자.

소울아크 캐릭터, 호연작의 스킬

■ 패시브 스킬

캐릭터가 기본으로 갖고 있는 스킬이며 특별한 조건이 없는 한 자원 소모없이 항상 발동하는 것이 특징이다. 캐릭터가 전투에서 어떤 역할을 하는지 결정하는 중요한 요소이다.

2 기본 스킬 A

캐릭터마다 액티브 스킬은 보통 두 개를 갖고 있으며 편의상 '기본 스킬 A'와 '기본 스킬 B' 로 부른다. 그중에서도 기본 스킬 A는 가장 많이 사용하는 것으로, 대미지는 크지 않지만 쿨타임이나 마력 등의 자원 소모가 크지 않아 자주 선택된다.

3 기본 스킬 B

같은 액티브 스킬인 '기본 스킬 B'는 A보다 좀 더 강화된 것으로 자원 소모가 더 많은만큼 더 강력한 효과를 발휘한다.

액티브 스킬이 이렇게 A와 B 두 가지로 나뉘는 이유는 개성있는 스킬을 줄수록 캐릭터의 특성이 명확해져 유저가 갖고 싶은 생각이 들기 때문이다. 물론 캐릭터가 스킬 사용 후 쿨타임 동안 할 게 없어서 다른 스킬도 사용하도록 하는 것도 있다.

4 궁극기

패시브 스킬과 함께 캐릭터의 특징을 가장 극명하게 보여주는 스킬이다. 캐릭터의 모든 역량을 동원해 발동되는 스킬이므로 이 스킬에 의해 전투의 전황을 바꾸는 걸 기대할 수도 있다. 궁극기가 강력한 캐릭터는 강한 캐릭터로 인정되며 발동 시 연출 또한 화려하기 때문에 캐릭터 선택의 주요 이유가 되기도 한다.

궁극기는 매우 강력하므로 아무때나 쓸 수 없도록 쿨타임, 마력 등의 요소 이외에도 별도의 조건이 필요한 경우가 많다.

소울아크 호연작의 궁극기인 권능 스킬 연출

5 치명타 스킬

일정 확률에 의해 2배의 대미지를 주는 것을 치명타 스킬이라고 한
다. 단순히 공격력을 올리는 것이 아닌 치명타 스킬이 따로 있는 이유는
확률의 변수를 추가하여 전투를 좀 더 다양하게 만들기 위함이다. 태생
적으로 공격력이 약한 캐릭터라도 치명타 발생률이 높다면 부족한 공격
력을 메꿀 수 있다. 치명타 확률이 높다는 특징은 기존과는 다른 성장방
법을 유도하여 성장의 다양성을 가져올 수 있다. 또한 방어구도 일반 공
격은 잘 막아내지만 치명타에는 약하다던가 하는 변수를 줄 수 있다. 이
런 다양함이 전투를 재미있게 만들며 성장의 폭을 넓히는 요소가 된다.

6 속성 공격 스킬

게임에 따라 속성 공격이라는 재미있는 시스템이 있는데, 상극 속성
공격 시 더 큰 피해를 입히는 방식이다. 이렇게 되면 공격자의 속성이 피
격자의 속성보다 우위에 있을 경우, 예전에는 100%의 대미지만 들어가
던 것이 200%가 된다. 이것은 특정 스킬로 속성값을 뻥튀기 한 경우에

해당한다. 속성에 관여하는 재미있는 스킬이다. 전투 공식에서는 속성 계수에 속성 공격력을 곱한다.

| 속성 공격 대미지 |

○ = 속성계수 * 속성 공격력

속성 공격 스킬과 치명타 스킬은 상대에게 더욱 강력한 대미지를 준다는 것은 동일하나, 속성 공격이 적군과 아군의 속성 차이에서 발생하는 것이라면, 치명타는 오로지 스킬이 갖고 있는 치명타 확률에 의해 발동된다는 차이가 있다.

7 상태 이상(버프/디버프)

◎	집중	명중률을 올려 공격이 잘 맞도록 함
⊕	회복	대상의 체력을 시간 당 일정하게 회복시킴
🔇	침묵	대상이 스킬을 일정시간 사용하지 못하게 함
💥	출혈	대상의 체력을 일정 시간 동안 소모시킴
⚡	감전	대상의 스킬 및 기타 움직임을 못하게 막음
⧗	슬로우	대상의 움직임과 스킬 캐스팅 속도를 느리게 함

상태 이상

상태 이상은 스킬의 일종으로, 평소 상태와 다른 상태로 만드는 것을 말한다. 흔히 알고 있는 일정 시간 공격력 향상이나 갑자기 혼란에 걸려 적을 공격 못 하게 되는 경우 등을 말한다. 중요한 건 일정 시간 동안 유지된다는 것이다.

8 자동 전투(Auto Battle)

전투에서 모바일 게임과 PC 게임의 결정적 차이라고 한다면 자동 전투를 꼽을 수 있다. 유저가 전투를 일일이 컨트롤하기 귀찮을 때 대신 싸워주는 모바일 게임의 대표적인 기능이다. 모바일 게임은 스크린을 터치해서 조작해야 하는데, 기기의 한계인 작은 화면 때문에 불편함이 있으므로 이를 최소화하기 위해 자동 전투가 도입되었다. 다만 처음부터 자동 전투를 할 수 있으면 아무도 수동으로 조작하지 않을 것이므로, 일정 조건이 만족하면 그때부터 기능이 오픈되도록 한다. 자동 전투가 유저의 마음에 들도록 효과적이려면 AI가 뛰어나야 한다.

⑤ AI는 선택이 아닌 필수

모바일 게임에서 AI는 자동 전투에 크게 영향을 준다. 최대한 유저가 좋아할 만한 결과가 나오도록 알아서 진행하는 것이며 잘 만들어진 AI는 누가 누구를 왜, 공격 등의 대상으로 선택하는가에 대한 결정을 한다. 대표적으로 아래와 같다.

| AI 고려 사항 |
- 누가 누구를 공격해야 가장 많은 대미지를 줄 수 있는가
- 누가 어떤 버프/디버프에 걸린 상태인가 → 공격할 것인가 말 것인가

위의 것을 기준으로 봤을 때, AI에 영향을 주는 요소는 다음과 같다.

실제 게임 개발 사례

| 영향 주는 요소 |
- 직업
- 스테이터스
- 버프/디버프 상태
- 스킬
- 속성

전투에서는 선택에 영향을 주는 요소가 매우 많고 복잡하므로 여기서는 가장 기본적인 요소만 다루겠다. 아래와 같이 공격자와 피격자가 나뉘어 있다고 가정하자.

캐릭터	직업	hp	atk	def
공격자	공격형	110	100	20
	공격형	190	100	20
	방어형	200	30	90
피격자	지원형	120	50	30
	만능형	130	60	40
	회복형	140	70	50

공격자와 피격자 스테이터스

공격자의 입장에서 누굴 공격하는 게 가장 효과적일까?

▌1 대미지 기준으로 골랐을 때

대미지 기준으로 어떤 피격자에게 가장 많은 대미지를 줄 수 있는지 확인해보자. 우리는 앞서 대미지 = 공격력 - 방어력이라는 것을 알았다. 공격자의 공격력 = 100이므로 피격자 중 방어력이 가장 낮은 직업을 찾으면 된다. 빙고! 공격형이다.

2 사망시킬 수 있는 가능성이 제일 높은 것으로 골랐을 때

이것은 공격 후 체력이 제일 적게 남는 피격자를 말한다. 아까 피격자 중 가장 많은 대미지를 받게 된 공격형을 살펴보자.

| 공격형의 대미지 계산 |
- 대미지 = 공격자 공격력 - 공격형 피격자 방어력 = 100 - 20 = 80
- 공격형 피격자의 체력 = 190
- 공격형 피격자의 최종 체력 = 190 - 80 = 110

110이면 꽤 많이 남는다. 다른 직업에도 계산해보자.

| 다른 직업의 체력 계산 |
- 방어형 최종 체력 = 200 - 10 = 90
- 지원형 최종 체력 = 120 - 70 = 50
- 만능형 최종 체력 = 130 - 60 = 70
- 회복형 최종 체력 = 140 - 50 = 90

결국 지원형을 공격하면 남은 체력은 50이 되어 가장 사망확률이 높게 됐다.

3 그 외의 기준

만약 공격하는 대상이 공격을 반사하는 스킬을 쓰면 다른 대상을 선택해야 한다. 혹은 내가 공격하면 체력이 줄어드는 스킬에 걸렸을 경우 아예 공격하지 않는 것이 좋다. 이처럼 공격자와 피격자가 어떤 상태에 있는가, 즉 상태 이상이 무엇인가에 따라 행동에도 변화가 생긴다.

실제 게임 개발 사례

❹ 스킬에 대한 AI

사실상 AI는 스킬에 의해 가장 영향을 많이 받는다고 볼 수 있다.

예시 AI 대상 선정 로직

1. 공격자 스킬은 물. "적이 불이면 추가타 공격"

1.1 적 중에 불이 있는 경우

1.1.1 적이 대미지 반사 등 공격자에게 불리한 스킬을 갖고 있는 경우

1.1.1.1 공격 안 함

끝.

1.1.2 적이 대미지 반사 등 공격자에게 불리한 스킬이 없는 경우

1.1.2.1 공격

끝.

1.2 적 중 불이 없는 경우

1.2.1 다음 우선순위의 대상을 검색

끝.

위에서 알아본 것처럼 직업, 속성, 스테이터스, 상태 이상 등 AI의 선택에 영향을 주는 요소들이 많이 있다. 만약 복합적으로 선택에 영향을 주고 싶다면 점수제로 하는 것도 방법이다. 예를 들어 직업은 2점, 현재 체력 상태는 3점, 스킬은 4점이라고 한다면, 적 캐릭터를 점수로 환산하여 가장 점수가 높은 쪽을 선택하게 만드는 방법이다.

⑥ 전투 개발 과정

◀퇴각

전투 승리 ■Battle Report

블랙 리리스 LV 90

라비아타 LV 90

매지컬 모모 LV 90

라스트 오리진 전투 승리

전투는 게임에서 가장 중요한 역할을 하고 있으므로 대부분의 개발팀은 가장 먼저 구현하여 재미를 확인하고자 한다. 만약 전투가 재미없으면 가능성을 찾을 때까지 반복 개발을 진행하며 이것이 어느 정도의 수준을 갖춰야 비로소 다른 시스템이 구현되기 시작한다.

1 캐릭터 생성

전투는 아군 캐릭터와 적군 캐릭터의 공방에서 비롯된다. 따라서 가장 먼저 구현되는 것은 캐릭터다. 캐릭터에는 앞에서 알아본 것처럼 직업, 속성, 스테이터스, 스킬, AI 등 다양한 요소가 포함되며 이것이 완성되면 아군과 적군으로 나뉘어 전투 공식을 통해 공격하고 방어하며 전투가 진행된다.

② 스테이터스와 속성

캐릭터를 구현한 후 본격적으로 값을 수정해가며 전투의 재미를 찾기 시작한다. 가장 먼저 조정이 이뤄지는 것은 캐릭터의 스테이터스와 속성이다. 둘 다 캐릭터의 생존 여부에 직접적으로 영향을 주는 값이므로 어떤 종류가 필요한지, 기본값은 무엇인지 빠르게 정의한다.

③ 스킬 추가

스테이터스와 속성이 어느 정도 신뢰할만한 값으로 정해지면 다음에는 스킬을 만든다. 앞에서 알아본 것처럼 패시브와 액티브 두 가지 중 액티브부터 개발되며 패시브와 궁극기는 가장 마지막에 제작한다. 왜냐하면 이 두 가지는 전투에 큰 영향을 주므로 작은 스킬부터 올려서 플레이를 해보고 문제가 없으면 점차 큰 스킬을 만드는 과정으로 진행하기 때문이다.

④ 승패 다듬기

스테이터스와 속성, 스킬이 마무리되면 이제 전투에 필요한 중요 요소는 모두 정리됐다고 볼 수 있다. 이후부터는 전투의 승패를 확실하게 결정한다. 어떻게 하면 승리하고 패배하는지 명확히 하여 진짜 전투를 하는 느낌을 받도록 한다. 전투를 해보면서 값을 세밀하게 수정해 나간다.

⑤ 보상 획득

보상이 구현되는 단계라면 성장을 염두에 두어야 한다. 전투에서 승리하면 보상을 얻어 캐릭터를 성장시킨다. 어떤 요소가 얼마나 성장하는지 이때 정하게 되며, 그에 맞춰 적군의 성장도 같이 이뤄진다. 슬슬 다음 스테이지를 제작할 때가 된다.

6 장비 적용

보상까지 안정적으로 구현되면 전투의 다음 콘텐츠인 장비로 넘어간다. 지금까진 장비 없이도 전투가 가능했지만 게임의 수명을 연장시키기 위해서는 장비가 반드시 필요하다. 아군과 적군이 장비를 장착한 채로 전투하면서 다시 밸런스 조절에 들어간다.

실제 게임 개발 사례

또 다시 닥쳐온
시련

게임이 중반 정도 개발되었을 때 갑작스럽게 외국계 회사와 계약이 취소되었다. 그때의 충격은 너무 커서 회사가 혹시 쓰러지는 게 아닐까 걱정도 되었다. 하지만 사장은 걱정하지 말라며 며칠 뛰어다니더니 투자를 끌어왔다. 그러면서 시작한 것이 마이 스타일이라는 패션 소셜 게임이었다. 여성 유저를 타깃으로 했으며 유저는 게임에서 쇼핑하고 원하는 옷을 마음껏 입어볼 수 있는, 당시로서는 흔치 않은 스타일이었다. 나는 여성 심리를 이해하기 위해 패션지를 구매하고 게임 내 나오는 클럽을 기획하기 위해 태어나서 처음으로 홍대 클럽도 가보는 등 여러 가지로 노력했다. 그런 노력이 의미가 있었는지 게임은 생각보다 잘 제작되어 갔다. 프로그래머들의 힘은 대단한 것이었고, 외주로 돌린 그래픽 리소스도 생각보다 큰 문제 없이 제때 잘 진행되고 있었다. 이번에야말로 성공할 수 있겠다는 자신감이 생겼다.

하지만 CBT 반응은 생각보다 좋지 못했다. 애초에 게임이 국내가 아닌 외국 대상으로 했던 건데 외국계 퍼블리셔는 이런 게임이 많이 있다며 차별점이 크지 못하다는 것을 지적했다. 우리는 처음부터 다시 만든다는 각오로 매달렸다. 하지만 개발이 오래될수록 팀원들은 지쳐갔고 나 역시 힘들었다. 어느날 CBT 리포트를 분석하다가 문득 배가 고파왔다. 시간을 보니 새벽 5시가 넘었다. 저녁에 먹으려고 사뒀던 편의점 도시락이 생각나 탕비실에 갔다. 도시락을 데우

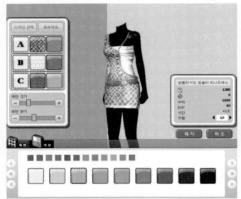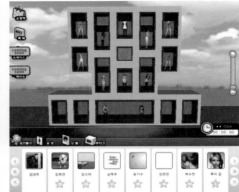

SNG 마이스타일

면서 멍하니 서 있었다. 여기서 이러고 있는 게 맞는 건가. 이게 내가 생각한
게임 만드는 건가. 하이 리스크 하이 리턴이라던데 리스크에서 다 끝나겠네.
좀 더 제대로 된 곳을 찾고 싶다. 그때 탕비실 창문에서 빛이 들어왔다. 고개를
돌리니 어떤 건물의 창문이 순서대로 불이 들어오는 것이었다. 15층에서 1층
까지 순서대로 팍팍팍. 그때 나는 생각했다. 저기다. 저기로 가자.

　큰 회사에 지원하겠다고 마음은 먹었지만 아는 사람이 하나도 없었다. 여
태까지 지인을 통해 소개받아 옮겼기 때문에 이번엔 직접 알아봐야 했다. 먼저
회사 홈페이지를 보았더니 FPS 팀에서 기획자를 구하는 공고가 떠 있었다. 게
임 구인구직 사이트에서도 동일한 내용을 확인했다. 최대한 모을 수 있는 자료
들을 모으고, 건너 아는 개발자들을 통해 회사 얘기를 들었다. 어느 정도 준비
가 되자 회사 홈페이지 지원 양식을 통해 서류를 제출했다. 그리고 바로 다음
날 면접 날짜가 잡혔다. 과연 큰 회사는 프로세스가 잘 되어있군. 감탄하면서
면접을 보러 갔다. 면접실은 회사 2층에 있었는데 층 가운데 작은 시냇물 같은
물길이 흐르는 것을 보고 감탄한 기억이 난다. 면접실에 들어가니 면접관이 세

명 앉아있었다. 디렉터와 기획팀원 두 명이었다. 자기소개 후 실무 얘기로 바로 들어갈 줄 알았는데 그러지 않았다. 나중에 안 것이지만 디렉터는 FPS 경험이 있었는데 기획팀원 둘은 이런 장르가 처음이었다. 그래서 기획팀장을 구하는 거라고 디렉터가 웃었다. 그럼 전 기획팀장은 어디 갔냐고 물어보려다가 말았다. 문제 없다. 이미 FPS는 서비스까지 해봤다. 큰 회사든 작은 회사든 게임 만드는건 똑같을테니. 하지만 그건 착각이라는걸 나중에 알게 된다. 2차 면접은 PD였는데 이미 1차에서 실무 면접이 통과되었으므로 어떤 게임을 좋아하는지, 취미가 뭔지 같은 가벼운 얘기를 했다. 인성과 커뮤니케이션 능력을 주로 보는 자리였다. 역시 큰 문제 없이 통과하고 바로 다음날 합격 통보가 왔다. 일사천리로 바로바로 진행하는구나. 지금은 면접 이외에도 인성검사 등 프로세스가 더 늘어났다고 들었다.

첫날 출근하면서 사옥 앞에 섰다. 사옥. 드디어 사옥이 있는 게임 회사에 출근하는구나. 삼성동에 위치한 사옥은 그 모습이 위풍당당했다. 들어가 보니 오른쪽엔 전용 사내 카페가 있었다. 엘리베이터 홀 앞에는 지하철 탈 때 볼 수 있는 개찰구가 있었다. 양쪽에는 전용 이어폰을 끼고 있는 가드 두 사람이 정장을 입고 서 있었다. 괜히 위축되었지만 신규 입사자라고 하자 문을 열어주었다. 사무실로 올라가는 카드키가 없어 잠시 기다렸다. 면접 볼 때 들어왔던 기획팀원이 문을 열어주었다. 자리로 가니 PC가 이미 풀 세팅되어 있었다. 근데 두 대였다. 한 대는 업무용, 하나는 개발용이라고 한다. 간단히 말해서 업무용은 인터넷이 되고, 개발용은 안 되는 거였다. 이것저것 만져보다가 사람들이 출근할 때마다 일어서서 인사했다. PD가 팀원들 사이를 돌아다니며 인사시켰다. 약 20명 정도 됐다. 기획팀원에게 물어서 그간 만든 것을 보았다. 프로젝트는 시작된 지 1년 정도 됐는데 콘셉트 영상을 만든 게 하나 있었다. 큰 회사는 역시 영상 하나 만드는 것도 차원이 다르구나. 내가 지금까지 있었던 곳에서는 영상은 엄두도 못 낼 정도였으니까. 기획팀원은 회사에 일정 시기마다 허들이 있는데 이 영상은 바로 전에 사내 공개된 버전이라고 말해줬다. 하긴 이 정도 퀄리티면 어떤 게임을 만들고 싶은지 확실히 보여줄 수 있을 거라는 생각이 들었다. 근데 허들이 뭐냐고 묻자 회사에서 개발팀마다 게임이 잘 개발되고 있는지 중간중간 확인하는 이벤트가 있는데, 그걸 허들이라고 부른다고 했다. 사장님을 포함한 임원진 모두가 참석하기 때문에 매우 큰 행사라고 했다. 통과하면 프로젝트를 계속 진행할 수 있지만, 그렇지 않으면 다시 확인받아야 하고, 기대에 너무 못 미치면 팀이 해산될 수도 있다고 했다. 나는 지금까지 작은 회사에만 있어서 몰랐는데 큰 회사는 이렇게 정기적으로 프로젝트를 검사한다는 것을 처음 알게 된 것이다.

실제 게임 개발 사례

캐릭터
성장

쿠키런의 캐릭터들

소설이나 드라마에서 캐릭터가 중요한 것처럼, 모바일 게임에서도 캐릭터가 중요하다. 짧은 시간 안에 확실한 재미, 혹은 목표를 유저에게 보여줘야 하기 때문이다. 온라인이나 콘솔처럼 설치 시간이 길거나 처음부터 구매해서 해야 하는 게임보다 모바일은 유저 이탈에 더 신경써야 한다.

1 캐릭터 성장의 이유

소울아크의 주요 성장인 성급

모바일 RPG에서 가장 중요한 것 하나만 꼽아야 한다면 단연 캐릭터일 것이다. 얼마나 매력적인 캐릭터를 만들어내는가로 성패의 절반이 결정될 정도다. 캐릭터가 왜 이렇게 중요하냐 하면 모바일은 단시간에 유저를 사로잡아야 하고 그러기 위해선 캐릭터만 한 것이 없기 때문이다.

| 캐릭터가 중요한 이유 |
- 유저는 캐릭터를 직접 조작하기 때문에 캐릭터에 대한 몰입도가 높다.
- 캐릭터는 스토리를 이끌어나가며 비주얼을 대표한다.

따라서 캐릭터는 정말 중요한 요소다. 이러한 캐릭터를 성장시키는 것은 게임에서 특히 신경을 많이 써야 하는 부분인데, 전투를 통해 보상을 얻어 캐릭터를 성장시키는 과정이 재미있어야 게임의 순환 고리가 제대로 연결되기 때문이다. 즉, 전투 후 보상을 얻고, 그걸로 캐릭터를 성

실제 게임 개발 사례

장시키고, 그래서 더 강한 적과 싸우는 것이 하나의 패턴이다. 전투 자체가 재미있는 것도 매우 중요하겠지만, 캐릭터 성장의 재미 역시 못지않게 중요하다.

■ 캐릭터 정보

여기서 다룰 캐릭터의 성장 예시는 모바일 RPG에서 가장 많이 채용되는 시스템으로, 일반적으로 아래와 같은 요소를 갖고 있다.

번호	캐릭터 번호
이름	캐릭터 이름
레벨	캐릭터의 성장 단계를 수치로 표시한 값이다. 던전을 클리어하고 얻은 경험치가 일정 값이 모이면 레벨이 증가하며 스테이터스가 올라간다.
성급	★. 속칭 "캐릭터가 몇 성이다" 할 때의 그 값이다. ★로 표시되며 1개~6개까지 있다. 게임에서는 소환을 통해 1성~5성 사이를 얻으며 6성은 5성에서 성장시켜야만 얻을 수 있다. 캐릭터의 강함을 단적으로 보여주며 유저는 ★을 증가시키는 것이 캐릭터 성장의 주요 목적이 된다.
각성	캐릭터에게 각성재료를 더하면 추가 성장이 이뤄지며 캐릭터의 스토리와 외형을 변경시킬 수도 있다.
속성	캐릭터가 가진 속성이며 물, 불, 나무, 빛, 어둠의 다섯 속성 중 하나에 속한다. 속성 간에는 상극, 상응의 관계에 있으며 이에 따라 대미지가 보정된다. 예를 들어 물속성으로 불속성을 공격하면 2배의 대미지가 들어가는 식이다. 이렇게 속성을 나누면 전투 시 캐릭터의 우열에 스테이터스뿐만 아니라 속성 간의 변화도 생겨 전투가 좀 더 다양해진다.
초월	같은 캐릭터 혹은 재료와 합성하여 추가 성장을 한다. 스킬을 성장시키나 상위 장비를 장착할 수 있는 효과가 있다.
직업	캐릭터의 직업이며 공격형, 방어형, 회복형, 지원형, 만능형 다섯 가지로 나뉘어 있다. 직업이 전투에 직접적으로 영향을 주는 것은 없으며 단지 스테이터스와 가지고 있는 스킬을 통해 편의상 구분한 것이다. 다만 이렇게 구분된 것이라고 해도 직업군으로 분류된 것은 맞기 때문에 소환할 때 공격형만 나오게 하거나 하는 쓰임은 가능하다.
체력	상대의 공격에 죽지 않고 살아남는 값.

공격력	상대에게 대미지를 주는 값.
방어력	공격을 막아내는 값.
공격속도	얼마나 빠르게 공격할 수 있는지의 값.
치명타	상대에게 치명상을 입힐 확률의 값.
스킬	어떤 스킬을 가졌는지에 따라 역할이 결정된다고 보면 된다.
도감	수집한 캐릭터를 모아서 볼 수 있는 앨범에 등록되는 순서를 표시한다.

캐릭터 정보

② 전투와 성장의 관계

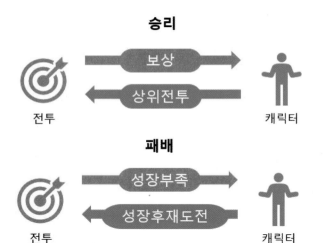

전투와 성장의 관계

캐릭터를 성장시키는 것이 모바일 게임에서 가장 중요한 것임을 알았다. 그렇다면 캐릭터를 어떤 방법으로 성장시키는 것이 가장 좋을까? 유저가 게임에서 가장 많이 하는 플레이는 전투이므로 캐릭터 성장도 이와 연관 지어야 한다. 애초에 캐릭터를 성장시키는 목적이 전투에서의 승리를 위함이기도 하다.

재화	골드, 젬, 코인 등 성장 및 구매에 필요한 재화를 줌
장비	무기, 방어구 등의 장비를 줘서 장착할 수 있게 함
재료	성급재료, 각성재료 등 캐릭터의 추가 성장에 필요한 재료를 줌
경험치	경험치를 모아 캐릭터 혹은 장비 레벨을 올려줌

전투 보상 종류

전투에서 승리하면 보상이 나오는데 모두 캐릭터 성장과 관계있는 것만 나온다. 가장 대표적인 것은 재화, 장비, 재료, 경험치이며 이를 바탕으로 모드에 따라 보상이 약간씩 변경된다.

1 재화

재화는 가장 간단하면서도 확실한 보상으로 전투를 통해 가장 빠르고 쉽게 얻을 수 있다. 캐릭터 성장에는 무조건 돈이 필요한데 간단한 것에는 골드가, 새로운 캐릭터를 획득하는 데는 젬이 필요하다. 젬은 고급 재화이므로 전투 후 랭킹에 들었을 때 받는 경우가 많다.

2 장비

캐릭터의 성장은 캐릭터 자체의 스테이터스와 장비의 결합으로 완성된다. 무기, 방어구, 신발, 장신구 등 캐릭터의 스테이터스와 스킬 효과를 올려주는 보상을 얻을 수 있다.

3 재료

고급 캐릭터 성장에는 재료가 필요하며 특정 던전에서 이런 재료를 전문적으로 얻을 수 있다. 요일 던전이 대표적이며 유저는 원하는 캐릭터의 속성에 맞는 재료를 얻기 위해 특정 던전의 전투에 참여해야 한다.

4 경험치

전투에 참여하는 것만으로도 얻을 수 있는 것이 바로 경험치다. 경험치를 모아 레벨을 올리면 스테이터스가 증가하여 더 강해지는 가장 간단하면서도 직관적인 성장이다. 레벨이 최대치가 되어야 가능한 고급 성장이 많으므로 최고 레벨로 만드는 것은 필수다.

③ 레벨: 성장의 시작이자 끝

레벨은 캐릭터가 얼마나 강한지 숫자로 표시한 것이다. 레벨이 오르면 캐릭터의 기본 구성 중 하나인 스테이터스가 증가하며, 그만큼 캐릭터가 강해지게 된다.

레벨을 올리기 위해서는 전투 혹은 퀘스트를 완료하고 얻을 수 있는 경험치가 필요하다. 레벨이 끝까지 오른 것을 최고 레벨이라고 하는데, 캐릭터가 다음 성장으로 나아가기 위한 조건 중 하나가 된다.

1 레벨과 경험치의 관계

레벨	경험치
1	1000
2	2300

레벨과 경험치

오른쪽 값은 경험치가 그만큼 쌓이면 다음 레벨로 넘어가는 한계값이다. 예를 들어, 1레벨일 때 1000의 경험치를 모으면 2레벨이 된다. 2레벨에서 3레벨이 되려면 2300의 경험치를 모아야 한다.

실제 게임 개발 사례

② 레벨업 로직

경험치를 쌓아 레벨이 올라가는 로직은 아래와 같다.

예시 레벨업 로직

---

1. 경험치 획득

1.1 캐릭터 레벨의 지정된 경험치량을 넘은 경우

1.1.1 다음 단계로 레벨업

1.1.2 레벨업으로 인한 효과 적용(스테이터스 증가 등)

끝.

1.2 넘지 못한 경우

1.2.1 현재 레벨 유지

끝.

---

③ 레벨업에 따른 스테이터스 증가량

레벨이 올라감에 따라 스테이터스가 얼마나 오르는지를 정하는 것은 두 가지 방법이 있다. 하나는 표를 만들어 모두 기입하는 것이고, 또 하나는 공식에 의해 올리는 것이다. 전자는 번거로우며 값을 수작업으로 넣다 보니 틀릴 수도 있지만 세부적인 조절이 가능한 반면에, 후자는 공식이기 때문에 안전하지만 세부적인 조절은 따로 처리해야 하는 번거로움이 있다.

4 표로 만들 경우

물론 표로 만든다고 했지만 값을 임의로 넣는 것은 아니다. 만든 표의 내부에도 일정한 공식이 있어서 그것을 베이스로 하되, 특정한 경우에 대해서는 수작업으로 별도의 값을 넣는 것이다.

레벨	체력	공격력	방어력	공격속도	치명타
1	1000	100	20	60	10
2	1100	110	22	66	10

레벨에 따른 스테이터스

1레벨에서 2레벨이 될 때 스테이터스들이 치명타를 제외하고 10% 증가함을 알 수 있다. 이처럼 특정 값을 예외로 처리해야 할 경우 표를 만들고 값을 일일이 계산한다.

5 공식으로 만들 경우

| 체력 증가량 |
○ = (증가한 캐릭터 레벨 - 기존 캐릭터 레벨) * 100

아주 단순하게 한다면 위와 같이 할 수 있다. 레벨이 올라갈수록 그에 맞춰 체력을 많이 올려주고 싶으면 수식에 제곱을 넣어주면 된다. 1레벨에서 2레벨이 되었을 때 위 공식대로 하면 체력 증가량은 (2-1) * 100 = 100이 된다.

6 레벨 한계

대부분의 게임에서 채택하고 있는 가장 보편적인 성장 모델은 ★에 따라 최고로 올릴 수 있는 레벨이 정해져 있는 방식이다. 가령 ★3일 경우 30레벨이 최대 레벨이다. 이렇게 최대 레벨이 ★에 귀속되는 이유는 캐릭터의 가장 중요한 성장을 ★의 개수를 늘리는 성급으로 설정하기 위함이다.

성급	최대 레벨
★1	10레벨
★2	20레벨
★3	30레벨
★4	40레벨
★5	50레벨
★6	60레벨

성급도와 레벨

4 성급: 성장의 가장 중요한 요소

많은 모바일 RPG의 캐릭터들 밑에 ★ 표시가 있는 것을 본 적이 있을 것이다. 게임마다 다르지만 여기서는 성급이라고 부르며, ★이 증가하는 것을 성급상승이라고 부른다. 레벨이 캐릭터의 강함을 알려주긴 하지만 그보다 더 상위에 있는 것이 성급이다. 즉, 성급도가 높은 캐릭터일수록 강하다고 보면 된다.

1 레벨과 성급의 단계별 차이

★ 표시가 캐릭터 간의 강함의 차이를 확실하게 보여주는 것이므로 ★1개와 ★2개의 강함은 확연하게 달라야 한다. 즉 레벨이 오르는 것보다 더 큰 폭으로 성장하게 된다. 따라서 성급상승할 때의 요구 조건은 까다롭게 설정된다. 이 까다로운 조건들을 만족시키기 위한 재료들은 플레이의 보상으로 주어진다. 대부분의 게임에서는 성급이 가장 성장 기대치가 높은 방법이다. 성급상승을 위해서는 다음의 조건을 만족해야 한다.

| 성습상승 조건 |
- ○ 성급상승 대상
- ○ 성급상승 재료 1
- ○ 성급상승 재료 2
- ○ 골드

성급상승 후에는 ★개수가 늘어나며 스테이터스가 크게 증가한다.

2 성습상승 로직

성급상승을 하기 위한 과정을 로직으로 나타내면 아래와 같다.

예시 **성급상승 로직**

1. 성급상승 선택
1.1 캐릭터가 ★6인 경우
1.1.1 상위 성급상승으로 안내.
끝.

실제 게임 개발 사례

1.2 캐릭터가 ★6 미만인 경우

1.2.1 성급 재료 1과 2가 충분한 경우

1.2.1.1 골드가 충분한 경우

1.2.1.1.1 성급상승 성공.

1.2.1.1.1.1 ★ 한 단계 증가

1.2.1.1.1.2 스테이터스 증가

1.2.1.1.1.3 재료와 골드 소비

끝.

1.2.2 성급 재료 1 혹은 2가 불충분한 경우

1.2.2.1 '재료가 부족합니다.'

1.2.2.2 성급상승 실패

끝.

1.2.1.2 골드가 부족한 경우

1.2.1.2.1 '골드가 부족합니다.'

1.2.1.2.2 성급상승 실패

끝.

❸ 성급 데이터

성급	캐릭터 성급
속성	캐릭터 속성. 캐릭터 속성에 따라 필요한 성급 아이템이 다르기 때문에 표시한다.
성급상승 재료 1	어떤 성급재료가 필요한지 아이템 번호 기입
성급상승 재료 1 수량	성급재료가 몇 개 필요한지
가격	성급 시 필요한 골드

성급 데이터

◢ 성급에 따른 스테이터스 증가 DB

성급도에 따라 스테이터스가 몇 % 오르는지 정의한다. 성급도가 높을수록 증가 값이 높다.

성급	성급상승해서 된 현재 성급도
능력치	스테이터스 능력치 증가 %

성급상승에 따른 스테이터스 증가

⑤ 각성: 캐릭터 이야기

각성은 원래 깨달음을 얻는다는 뜻인데 게임에서는 캐릭터 성장 중 하나로 사용된다. 레벨과 성급이 반드시 해야하는 기본 성장이라면 각성은 그보다 한 단계 높은 성장으로 성장 시 매우 강력해지는 특징이 있다. 게임에 따라 외형이 바뀌거나 고유의 스토리를 볼 수 있는 등 부가적인 혜택이 많이 있어 캐릭터의 매력에 빠진 유저라면 반드시 하는 성장이기도 하다.

| 각성 조건 |
○ 각성 대상
○ 각성 재료
○ 골드

각성은 재료에 의존도가 높은 성장으로 그 외에는 제한사항이 없다는 특징이 있다. 레벨처럼 계속 올려야하는 것도 없고 성급처럼 요구재료가 여러 가지 있는 것도 아니다. 재료만 있으면 현재 캐릭터의 상태는 보지 않고 무조건 올릴 수 있다. 이런 성장이 필요한 이유는 너무 순서에 맞춰 꽉 막힌 성장만 있으면 유저가 답답할 수 있기 때문이다. 그래서 비교적 자유로운 성장을 통해 캐릭터의 매력을 확인할 수 있게 하는 것이다.

| 각성 특징 |

- ○ 다른 성장의 제한을 받지 않음
- ○ 또다른 스킨 획득
- ○ 능력치 증가
- ○ 고유의 스토리 획득

1 각성 로직

각성을 하기 위한 과정을 로직으로 나타내면 아래와 같다.

예시 각성 로직

---

1. 각성 선택
1.1 각성 재료가 충분한 경우
1.1.1 골드가 충분한 경우
1.1.1.1 각성 성공.
1.1.1.1.1 한 단계 증가
1.1.1.1.2 스테이터스 증가
1.1.1.1.3 재료와 골드 소비
끝.
1.2 각성 재료가 불충분한 경우
1.2.1 '재료가 부족합니다.'
1.2.2 각성 실패
끝.
1.1.2 골드가 부족한 경우
1.1.2.1 '골드가 부족합니다.'
1.1.2.2 각성 실패
끝.

2 각성 정보

각성	각성을 얼마나 했는지의 단계
속성	캐릭터 속성에 따라 필요한 아이템 구분
재료	각성에 어떤 재료가 필요한지
수량	각성재료가 얼마나 필요한지
시나리오	각성할 때 어떤 시나리오가 오픈되는지
스킨	각성할 때 추가되는 스킨
가격	각성에 필요한 가격

각성 정보

3 각성에 따른 스테이터스 증가

각성	각성을 얼마나 했는지의 단계
능력치	스테이터스 능력치 증가 %

각성에 따른 스테이터스 증가

6 초월: 성장의 끝을 넘어서

초월은 같은 캐릭터끼리 합성하여 캐릭터 성장의 한계를 이겨내는 시스템이다. 대부분의 게임은 초월할 때마다 스킬을 성장시킬 수 있다. 초월의 의의는 성장이 끝까지 다다른 캐릭터를 같은 것끼리 소비함으로써 성장할 수 있다는 것이다. 특히 스킬은 가장 중요한 성장이므로 초월은 필수가 된다.

| 초월 조건 |
○ 초월 대상

실제 게임 개발 사례

○ 재료로 쓸 같은 캐릭터
   ○ 골드

1 초월 로직

초월를 하기 위한 과정을 로직으로 나타내면 아래와 같다.

예시 초월 로직

1. 초월 선택

1.1 캐릭터가 최대 초월일 때

1.1.1 "더 이상 초월할 수 없습니다." 출력, 초월 실패

끝.

1.2 캐릭터가 최대 초월이 아닐 때

1.2.1 성급이 초월할 만큼 충분한 경우

1.2.1.1 동일한 캐릭터가 있는 경우

1.2.1.1.1 골드가 충분한 경우

1.2.1.1.1.1 초월 성공

1.2.1.1.1.2 +1 한단계 증가

1.2.1.1.1.3 스테이터스 증가

1.2.1.1.1.4 스킬 최대 레벨 증가

끝.

1.2.1.1.2 골드가 부족한 경우

1.2.1.1.2.1 "골드가 부족합니다." 출력, 초월 실패

끝.

1.2.1.2 동일한 캐릭터가 부족한 경우

1.2.1.2.1 "재료 캐릭터가 부족합니다." 출력, 초월 실패

끝.

1.2.2 성급도가 초월할 만큼 충분하지 못한 경우

1.2.2.1 "현재 성급으로는 초월할 수 없습니다." 출력, 초월 실패

끝.

캐릭터의 성급	초월하게 되는 캐릭터의 성급
가격 1	첫 번째 초월 가격
가격 2	두 번째 초월 가격
가격 3	세 번째 초월 가격
가격 4	네 번째 초월 가격
가격 5	다섯 번째 초월 가격
가격 6	여섯 번째 초월 가격

초월 정보

3 초월에 따른 스테이터스 증가

캐릭터의 성급	초월하게 되는 캐릭터의 성급도
능력치	스테이터스 능력치 증가 %

초월에 따른 스테이터스 증가

7 모든 성장은 서로 연결되어 있다

게임마다 캐릭터 성장 요소의 관계는 모두 다르지만, 서로 밀접하게 연관되어 있다는 것에는 이견이 없을 것이다. 이것은 콘텐츠의 소비를 현명하게 하기 위함인데, 다른 성장과 전혀 관계없이 독자적으로 성장할 수 있다면 캐릭터가 균형있게 성장하지 못해 콘텐츠를 공략하는데 어려움이 발생하기 때문이다.

게임마다 다르지만 여기서는 아래와 같은 성장 요소들이 연결되어 있다고 가정해 보겠다.

■ 캐릭터 성장 관계

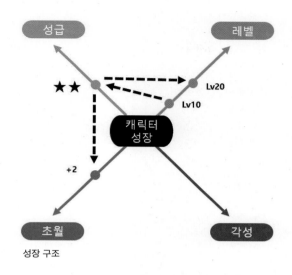

성장 구조

　　캐릭터가 전투를 통해 10레벨이 되면 여기서 레벨업이 한 번 막힌다. 20레벨까지 올리고 싶다면 성급을 2성으로 올려야한다. 성급 재료를 이용하여 성급상승에 성공하면 초월 역시 +2까지 가능해지므로 스킬 성장을 기대할 수 있다. 각성은 이들과 다르게 혼자 독립되어 있어 각성재료만 있으면 얼마든지 성장시킬 수 있다.

■ 캐릭터 성장을 조정하는 것은 행동 포인트

소울아크의 신발(행동 포인트)

　　요즘 웬만한 모바일 RPG는 대부분 채용하는 시스템이 있다. 바로 행동 포인트이다. 캐릭터 성장에 난데없이 웬 말인가 할지도 모르지만, 캐릭터 성장과 행동 포인트는 밀접한 관련이 있다. 던전에 입장하기 위해서는 행동 포인트가 필요하므로 그 사용량이 곧 전투 횟수라고 볼 수 있다. 전투를 많이 하면 보상을 많이 얻고 이는 캐릭터 성장으로 이어진다. 정리하면 아래와 같다.

| **행동 포인트와 캐릭터 성장의 연결** |
- 던전에 입장함
- 행동 포인트가 사용됨
- 전투를 통해 보상을 얻음
- 캐릭터가 성장함

따라서 행동 포인트의 생성/획득/제공량에 따라 캐릭터 성장을 예측할 수 있다.

❸ 행동 포인트 사용 로직

일반적으로 던전에 입장할 때는 행동 포인트가 필요하다. 행동 포인트는 소지량이 유한하므로 던전을 무한정 돌 수 없게 제한하는 효과를 가진다.

예시 행동 포인트 사용 로직

1. 스테이지 터치
1.1 행동 포인트가 충분한 경우
1.1.1 입장
1.1.2 행동 포인트 입장료만큼 삭감
끝.
1.2 행동 포인트가 부족한 경우
1.2.1 "행동 포인트가 부족하여 입장할 수 없습니다." 출력, 입장 실패
끝

❹ 행동 포인트 시작 값과 종료 값

던전 정보를 볼 때 나오겠지만, 스테이지를 시작할 때 행동 포인트 소모량을 시작 행동 포인트와 종료 행동 포인트로 따로 나누었다. 즉, 스테이지 시작할 때 소비되는 것과 끝내고 나서 소비되는 것을 나눈 것이다. 이유는 스테이지 공략에 실패했을 때를 대비하기 위함이다. 아래와 같이 값이 정의되어있다고 가정하자.

시작 행동 포인트	1
종료 행동 포인트	9

시작 행동 포인트와 종료 행동 포인트

스테이지를 시작할 때 1의 행동 포인트를 소비하고, 클리어하면 9의 행동 포인트를 마저 소비하여 도합 10의 행동 포인트를 소비하게 된다. 만약 스테이지 클리어에 실패하면 시작할 때 1의 행동 포인트만 소비하게 된다. 이렇게 하면 스테이지 공략 실패에 대한 부담이 줄어들게 된다.

❺ 행동 포인트 증가 로직

행동 포인트는 일정 시간이 지나거나 아이템에 의해 회복된다. 시간에 의해 회복되는 것은 최대값을 넘을 수 없지만, 아이템에 의해 회복되는 것은 최대값을 넘어 적립된다.

❻ 행동 포인트 정보

유저 레벨 행동 포인트 최대값	유저 레벨 증가할 때마다 행동 포인트 최대량 증가
행동 포인트 시간값	행동 포인트가 몇 분마다 증가하는가
시간당 행동 포인트 회복값	행동 포인트가 정해진 시간에 얼마의 양으로 증가하는가

행동 포인트 정보

⑦ 행동 포인트와 밸런스

캐릭터 성장은 게임에 투자한 시간과 비례한다. 시간을 보이는 재화로 변환한 것이 행동 포인트다. 행동 포인트는 단순하게 많이 플레이하지 못하도록 제한하는 요소처럼 보이지만 엄연히 재화의 한 종류이다. 그런데 왜 대부분의 모바일 RPG는 행동 포인트를 채용했을까? 유저가 너무 게임에 몰입하지 못하도록 방지하기 위해? 그것도 이유가 될 수 있을 것 같다. 모바일은 특성상 오래 붙잡고 하는 것이 아닌, 짧게 자주 접속해서 하는 것이기 때문이다.

개발적으로만 보자면 행동 포인트의 소모는 캐릭터 성장 밸런스의 기준이 될 수 있다. 왜냐하면 플레이 시간은 행동 포인트 소모량에 비례하며, 이것이 곧 경험치 획득량이 되기 때문이다. 행동 포인트를 많이 사서 플레이하는 유저를 제외한다면, 행동 포인트가 유저 레벨별로 소모되는 양을 예상할 수 있기 때문에 이를 바탕으로 경험치 획득량을 예측할 수 있다.

레벨	행동 포인트	경험치
1	20	200
2	30	300

유저 레벨에 따른 행동 포인트 보유량

유저가 1레벨일 땐 행동 포인트를 20 쓸 수 있는데, 이정도 플레이면 경험치를 200 획득할 수 있다는 것이다. 이것을 캐릭터 성장과 연결시켜 보자. 캐릭터가 1레벨에서 2레벨이 될 때 필요한 경험치가 400이라고 한다면, 유저는 40의 행동 포인트를 소모해서 플레이해야 한다. 만약 행동 포인트 20을 회복하는데 1시간 걸린다고 하면, 2시간 동안 플레이해서 경험치 400을 모아 캐릭터를 2레벨로 만드는 것이다.

실제 게임 개발 사례

레벨	경험치	플레이 타임
1	100	1시간
2	400	2시간

유저 레벨에 따른 경험치와 플레이 타임

이처럼 행동 포인트 소모량을 이용해 플레이 타임과 성장 속도를 예측할 수 있다. 하루에 유저가 플레이하는 시간을 예측할 수 있다면, 이를 행동 포인트 회복량으로 환산, 캐릭터를 얼마나 성장시킬지 정할 수 있다. 캐릭터 성장을 정한다는 것은 보상도 지정할 수 있다는 말이다.

| 행동 포인트와 보상 설정 |

○ 행동 포인트 소모량으로 경험치 획득량을 정할 수 있다.

○ 행동 포인트 회복량으로 플레이 타임을 정할 수 있다.

○ 경험치 획득량이 정해지면 캐릭터 성장을 정할 수 있다.

○ 캐릭터 성장이 정해지면 그에 맞춰 보상을 정할 수 있다.

허들과
크런치

순식간에 몇 개월이 흘렀다. 아무리 전에 FPS를 만들어본 경험이 있다고는 해도 새로운 회사에서 새로운 팀원들과 새로운 엔진으로 만드는 것은 완전히 다른 게임을 만드는 것과 마찬가지였다. 그래도 팀원들이 우수해서 일하기는 정말 편했다. 기획만 잘하면 되겠다는 생각이 들었다. 그래서 구체적인 내용을 작성해 나갔다. 우선 전체적인 콘셉트를 잡았다. 당시 유행하던 FPS는 밀리터리 PvP 기반 게임들이었는데 나는 앞으로는 협동 플레이가 중심이 될 거라고 예측했다. 그리고 밀리터리가 아닌, 좀 색다른 캐릭터들이 다양한 스킬을 사용하는 것이 더 재미있을 것 같았다. 이 같은 내용을 정리해서 PD에게 보고했고 통과되었다. 이제 본격적으로 개발하면 될 것 같았다.

어느 날 PD가 허들 날짜가 잡혔다는 소식을 전해왔다. 한 달 남았다. 우리는 크런치 모드(집중개발기간)에 들어갔다.

허들이 결정되고 나서 내가 제일 먼저 한 일은 디렉터가 PT를 만드는 걸 돕는 것이었다. 어떤 내용이 들어가면 좋을지, 자료는 무엇이 필요한지 등을 찾아서 전달하면, 디렉터는 그것을 바탕으로 내용을 만들어나갔다. 그렇게 발표는 디렉터가 하고 나는 발표 때 보여줄 플레이를 책임졌다. 이렇게 실제로 개발하고 있다는 것을 보여주기 위한 실기 버전 플레이는 필수였다. 내용은 PvP로 주인공이 멋지게 플레이할 수 있도록 적 기체는 팀원들이 하나씩 맡았다. 나는 그

실제 게임 개발 사례

것을 감독하면서 여기서 무엇을 쏘고, 어디로 이동한 다음, 또 무슨 행동을 할지 등을 정했다. 개발과 함께 플레이 연습을 하는 건 힘들었지만 팀원들이 이를 통해 우리가 어떤 게임을 만들고자 하는지를 알게 된 장점은 있었다.

마침내 허들 날이 되었다. 발표 관련자들은 대회의실을 2시간 전부터 빌려서 장비를 세팅했다. 모니터 위치를 수정하고 프로젝터가 쏘는 영상이 정확히 맞도록 조절했다. 네트워크 플레이를 통해 팀원들과 합을 계속 맞춰봤다. 이미 일주일 전부터 본격적인 연습을 통해 팀원들 눈빛만 봐도 뭘 할지 아는 상태가 되었지만 불안함이 계속 엄습했다. 마침내 발표 시간 30분을 앞두고 임원들이 먼저 입장하기 시작했다. 그들은 맨 앞줄을 비워두고 두 번째 줄부터 앉기 시작했다. 디렉터의 마른 침 삼키는 소리가 멀리 떨어져 앉은 나에게까지 들릴 정도였다. 마침내 시작 시간이 되자 회의실 문이 열리며 비서가 나타났다.

개발팀 모습

"사장님 입장하십니다."

모두 일제히 일어섰다. 잠시 후 사장님이 모습을 나타냈다. 그가 자리로 걸어가는 모습이 슬로우 모션처럼 보였다. 마치 정신과 시간의 방에 있는 것처럼 모든 것이 꿈속에 있는 것 같았다. 너무 긴장해서 침을 삼키는 것도 잊을 정도였다. 사장님이 가장 앞줄 가운데 앉자 임원 모두가 앉았다. 허들을 시작하는 비서의 목소리가 들려왔다. 디렉터는 PT를 시작했다. 몇십 번이나 들은 내용이라 외울 지경이었다. 나의 눈은 끊임없이 사장님의 안색을 살폈다. 약 20분간의 발표가 끝나고 바로 플레이 시연이 시작됐다. 구석에는 기획팀장인 나, 프로그램 팀장, 그래픽 팀장이 나란히 앉아 있었는데 각자 책상 밑으로 양손을 맞잡으며 기도하고 있었다. 제발 자기가 맡은 파트에서 다운되지 말라고. 테스트 역시 수십 번 연습했지만, 긴장이 되는 건 어쩔 수 없었다.

PT가 끝나고 마침내 시연이 시작되었다. 쿵! 하는 소리와 함께 게임 로고가 뜨면서 내 심장도 내려앉는 것 같았다. 동시에 팀장들의 마른 침 삼키는 소리가 들려왔다. 검은색 로고 화면이 지나고 밝은 플레이 화면이 나오면서 작은 안도의 한숨이 새어져 나왔다. 드디어 플레이가 시작되었다.

실제 게임 개발 사례

쿠키런 로비

지금까지 전투와 성장에 대해 알아보았다. 이 두 시스템은 게임의 주축이 되지만 그 외에도 중요한 시스템은 아직 많이 있다. 이번 챕터에서는 튜토리얼이나 퀘스트를 비롯한 나머지 시스템을 플레이 순서에 맞춰 알아보고자 한다.

1 튜토리얼 만들기

쿠키런 튜토리얼

튜토리얼을 왜 이제 다루는가 궁금할 수 있다. 이는 개발 순서에 의해서 가장 마지막에 구현되는 시스템이기 때문이다. 튜토리얼은 게임에 처음 접속한 유저가 게임을 계속할지 그만할지를 결정한다고 봐도 될 정도로 중요하다. 이렇게 중요한 시스템이지만 많은 유저가 튜토리얼이 가진 두 가지 특징에 불만을 갖고 있다.

첫째, 튜토리얼이 너무 강제성을 띠고 있어 자유로운 플레이가 불가능하다는 것.

둘째, 구현 퀄리티가 매우 낮다는 것.

우선 튜토리얼이 어떤 과정으로 구현되는지부터 살펴본 후 위의 두 가지에 대해 구체적으로 알아보자.

◼ 튜토리얼 기본 요소

튜토리얼은 유저에게 게임을 소개하고 플레이하는 방법을 알려준다는 목표가 있다. 게임마다 다르지만 그중에서도 반드시 알려줘야 하는 내용은 다음과 같다.

| 튜토리얼이 알려줘야 하는 내용 |
- 전투까지 도달하는 방법
- 전투하는 방법
- 장비 장착하는 방법
- 캐릭터 성장시키는 방법
- 소환하는 방법
- 다른 모드 플레이 방법

위의 내용 중 '전투까지 도달하는 방법'이 콘텐츠나 모드가 아님에도 불구하고 가장 먼저 있다. 이유는 게임에서 전투가 가장 중요하기 때문이다. 그리고 그런 전투를 어떻게 하면 할 수 있는지를 알 수 없으면 헤매다가 삭제해버리는 유저가 나올 수 있다. 따라서 튜토리얼의 가장 첫 번째 목표는 어디에서 전투를 할 수 있는지 알려주는 것이다. 유저가 처음 로비에 들어갔을 때 많은 버튼이 있음에도 불구하고 바로 시나리오 던전으로 보내 전투부터 시키는 이유가 여기에 있다.

전투할 수 있는 스테이지에 도착하면 파티원을 세팅한 후 전투에 돌입한다. 본격적으로 전투에 대해 상세히 가르쳐주며 적군과 아군의 상황, 적군을 공격하는 방법, 승리와 패배 조건, 기타 내용을 하나하나 설명해준다. 전투가 끝나면 장비를 장착하거나 캐릭터를 성장시키는 등의 설명이 계속된다.

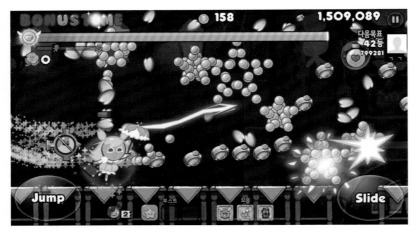

쿠키런 플레이 화면

　이후 소환 튜토리얼로 넘어가는데 이 순서 배치에도 치밀한 계산이
깔려있다. 첫째, 그간 길었던 튜토리얼을 쭉 따라와 준 유저에 대한 고마
움의 보상. 둘째, 포기하지 않고 게임을 계속하도록 만드는 원동력. 셋
째, 캐릭터의 획득 수단에 대한 교육이다. 특히 마지막의 캐릭터 획득 수
단을 알려주는 것은 유저가 새로운 캐릭터를 획득하는 재미를 알게 되면
게임에 접속하는 시간이 오래 유지되며 과금에도 큰 도움이 되므로 개발
사는 반드시 유저에게 이 재미를 알려주려 한다.

　이렇게 전투부터 캐릭터 성장, 소환까지 알려주면 튜토리얼에서 중요
한 내용은 모두 전달한 셈이 된다. 이후부터는 새로운 모드가 열릴 때마
다 설명해주면 된다.

2 튜토리얼 구현 방법

　튜토리얼에서 무엇을 알려줘야 할지 정했다면 이제 구체적으로 구현
에 들어간다. 서버와 연동된 작업이 거의 없으므로 주로 클라이언트와
일하게 되며 UI 디자이너의 도움도 필요하다. 우선 작업자들이 어떤 흐

름으로 진행되는지 이해할 수 있게 기획서부터 작성한다. 다른 콘텐츠와 달리 튜토리얼은 이미 만들어진 콘텐츠를 바탕으로 제작되므로 간단히 개념만 공유한 후 바로 기획서 제작에 들어가면 된다. 이것을 순서로 정리하면 아래와 같다.

| 튜토리얼 구현 방법 |
- 튜토리얼 개발 선언
- 기획서 작성
- 클라이언트 구현
- 필요한 리소스나 텍스트 요청
- 수정 및 테스트

기획서는 복잡할 필요 없이 게임 스크린샷 기준으로 마치 유저가 플레이하듯이 차례차례 넘어가며 볼 수 있도록 한다. 개발자도 한 사람의 유저이며 이미 게임에 대해 잘 아는 사람이기 때문에 개발자가 이해할 수 없으면 튜토리얼은 잘못된 것이다.

기획서가 완성되면 클라이언트는 구현에 들어가고 기획자는 UI 디자이너에게 리소스를 요청하면서 한편으로는 도움말 텍스트를 작성한다.

예시 로비에서 전투로 들어가는 튜토리얼 로직

---

1. 유저가 로비에 입장

1.1 화면을 검게 변하도록 하고 <전투>만 터치할 수 있는 상태로 변경

1.2 <전투> 버튼에 손가락 아이콘 팝업되어 누르라는 애니메이션 효과 추가

1.3 텍스트 출력 '전투하기 위해 아래의 버튼을 터치해 주세요.'

1.3.1 유저가 <전투> 이외의 곳을 누를 경우

1.3.1.1 무시

끝.

1.3.2 유저가 <전투>를 누를 경우

1.3.2.1 전투로 넘어감

끝.

1.3.3 유저가 전원을 끄거나 화면 전환 후 게임이 종료되었을 경우

1.3.3.1 저장된 부분부터 튜토리얼 다시 시작

끝.

위의 내용 중 유저가 중간에 게임을 끄거나 어떤 외부 상황에 따라 게임에서 이탈하는 경우에 대한 대비가 필요하다. 튜토리얼은 긴 편이므로 게임이 꺼졌다고 다시 접속했을 때 처음부터 다시 시작하면 유저가 이탈할 가능성이 생긴다. 그래서 튜토리얼 중간마다 저장해놓은 후 거기서부터 연결해서 플레이할 수 있도록 해줄 필요가 있다.

③ 텍스트 작업하기

튜토리얼에는 많은 도움말 텍스트가 사용되는데 이것을 잘 정리해놓지 않으면 나중에 충돌하거나 겹쳐서 문제가 생길 수 있다. 게임마다 다르지만 보통 텍스트 관리 파일을 만들어 여기에 관리한다.

예시 텍스트 관리 파일

// 튜토리얼

튜토리얼 로비 전투 = "전투 버튼을 터치합니다."
튜토리얼 전투 정보 = "전투 대기방입니다. 여기서는 전투에 참여할 캐릭터를 고를 수 있습니다."
튜토리얼 전투 대기방 = "캐릭터를 선택하여 드래그합니다."
튜토리얼 전투 스킬 = "스킬을 눌러 적을 공격합니다."
튜토리얼 전투 보상 = "골드를 n%획득합니다."

텍스트 관리 파일에는 게임에 출력되는 대사들 대부분이 모여있기 때문에 항목별로 잘 구분해서 정리하지 않으면 꼬이기 쉽다. 같은 대사가 반복되거나 전혀 다른 의미의 대사가 출력되기도 한다. 텍스트 관리 파일은 관리자 한 명을 지정해 확인하는 것이 좋다. 이러면 중복이나 출력 오류 등의 자잘한 문제를 방지할 수 있다.

④ 튜토리얼 수정 및 테스트

순위	발생장소	담당	내용	상태
S	로비	기획	안내 텍스트 줄바꿈 잘못됨	수정 완료
A	장비 장착	프로그램	장비 장착이 안 되며 팅김	수정 완료
B	전투대기방	프로그램	전투 대기방에서 다음으로 안 넘어감	작업 중
B	소환	UI	소환 캐릭터가 깨져서 나옴	작업 중
A	던전 입장	UI	1-1 스테이지에 손가락이 안 뜸	작업 중

튜토리얼 수정 리스트

튜토리얼이 구현되면 이제 테스트할 차례다. 튜토리얼은 유독 버그가 많은데 자연스럽게 진행되어야 할 흐름을 강제로 막고 갑자기 즉시 완료를 시키거나 인벤토리에 없는 캐릭터를 주고 뭔가를 하도록 만들기 때문이다. 그래서 튜토리얼의 테스트는 관련된 작업자의 스트레스를 불러온다. 튜토리얼 테스트에서 체크해야 하는 항목은 아래와 같다.

| 튜토리얼 테스트 |
- 순위
- 발생장소
- 담당자
- 내용
- 상태

순위는 대부분의 작업 리스트에 들어가는 항목이지만 튜토리얼 수정 리스트에서는 특히 중요하다. 왜냐하면 튜토리얼은 보통 최후에 구현되는데 그때는 시간이 정말 촉박하기 때문에 무엇이 우선순위가 높은지 명확히 해서 빨리 작업할 수 있도록 해야한다.

발생장소는 튜토리얼 어디서 문제가 발생했는지, 담당자는 누구인지를 기입한다. 내용은 어떤 문제가 발생했는지 최대한 자세히 작성한다. 발생을 재현할 수 있다면 그 내용도 같이 적는다. 마지막으로 상태는 현재 수정 중인지 완료되었는지 아니면 패스하는지를 적는다.

수정이 완료된 항목은 기획자가 다시 플레이하면서 정말 수정이 되었는지 확인하며 리스트를 체크해 나간다.

5 튜토리얼 개발 시 중요한 점

위에서 유저가 튜토리얼에 대해 갖는 두 가지 불만이 있다고 했는데, 튜토리얼이 너무 강제성을 띠고 있어 자유로운 플레이가 불가능하다는 것과 구현 퀄리티가 매우 낮다는 것이었다. 이것에 대한 답은 튜토리얼이 맨 마지막에 구현되어서 시간에 쫓기기 때문인 것이 첫 번째, 모바일 게임 특성상 짧은 시간 안에 유저에게 빨리 알려주고 본 게임에 들어갈 수 있도록 해야하는 것이 두 번째다.

개발자는 유저의 입장에서 게임을 처음한다고 생각하고 자연스럽게 흘러가도록 제작해야하는데, 이미 게임을 잘 알고 있기 때문에 그 자연스러운 흐름을 만드는 것이 생각보다 매우 어렵다. 참고로 현재의 튜토리얼 트렌드는 튜토리얼을 최대한 잘게 쪼개서 강제로 길게 플레이하도록 만들지 않는 것이며, 만약 튜토리얼을 수행한 유저가 있다면 최대한 보상을 자주 줘서 튜토리얼을 자주 하는 것에 대해 익숙해지도록 만드는 것이다.

실제 게임 개발 사례

② 출석 시스템

소울아크의 출석 보상

유저가 튜토리얼을 끝내면 로비로 다시 돌아오게 되는데 그때부터 바로 플레이할 수 있는 것은 아니다. 먼저 공지사항이 팝업되어 유저가 알아 야 할 소식을 알려준다. 공지사항이 종료되면 그다음은 출석 보상판이 나타난다.

출석 보상은 유저가 매일 접속하도록 유도하는 시스템이며 거의 모든 게임이 채용하고 있다고 봐도 될 정도로 널리 퍼져있다. 모바일 게임은 유저가 자주 접속하도록 유도해야 하는데 그중에서도 매일 접속하도록 하는 것이 그 무엇보다 중요하다. 출석 보상은 이에 적합한 시스템이기 때문에 대부분의 게임이 구현하는 것이다.

▌ 출석 보상의 기본 요소

출석은 유저의 재접속을 유도한다는 면에서 날짜별로 보상이 준비되 어 있어야 하며 그 보상이 유저에게 유익해야 한다.

| 출석 보상의 요소 |
○ 출석 횟수의 구분
○ 출석할 때 받는 보상의 설계
○ 연속 혹은 추가 출석 보상

출석 횟수의 구분은 유저가 몇 번 출석했을 때 마지막 출석 보상을 받을 수 있는가로 정리된다. 이것이 왜 중요하냐하면 마지막 보상이 좋을수록 유저는 그것을 받고 싶은 욕구가 강하게 들고, 그것을 위해 출석을 꾸준히 할 것이기 때문이다. 그렇다고 해서 중간의 보상을 대충 설정해도 된다는 것은 아니다. 보상 하나하나가 모두 유저에게 의미있을 정도로 좋아야한다. 마지막 출석 보상은 게임에서 가장 좋은 것을 넣는데 모바일 RPG의 경우 5성 소환권을 준비하는 것이 보통이다.

출석은 20회에서 30회 사이로 만들지만 게임마다 3회 연속 출석하면 추가로 보상을 받거나 또 다른 출석 보상을 만들어 재접속을 더욱 유도하는 경우도 많다.

② 출석 보상 구현 방법

출석 일수	보상	수량
1	골드	50,000
2	행동포인트	50
3	S급 영웅 선택권	1
4	SS급 영웅 선택권	1

출석 보상 데이터

실제 게임 개발 사례

출석은 보통 7회를 기준으로 구성되어 있는데 이것은 일주일 기준으로 맞췄기 때문이다. 그렇다고 날짜와 연동되는 것은 아닌데, 만약 날짜와 맞추면 게임 내 시간과 현실의 시간을 동기화시키는데에서 여러 가지 문제가 발생할 수 있으며, 글로벌로 진출할 경우 각국의 시간이 안 맞는 문제가 추가로 생길 수 있기 때문이다. 가장 큰 이유는 날짜로 할 경우 해당 날짜에 출석하지 않았을 때 보상을 못 받고 넘어가야하는데 이러면 유저의 부정적인 피드백을 초래하여 게임을 그만둘 수 있다. 횟수로 한다면 언제 출석하든 횟수만 체크하는 것이므로 보상을 순서대로 받을 수 있다.

예시 **출석 보상 로직**

1. 유저가 로비에 입장
2. 게임이 24시간 리셋된 후 처음 입장했는지 체크
2.1 처음 입장한 경우
2.1.1 출석 보상 팝업
2.1.1.1 최종 출석 보상인 경우
2.1.1.1.1 터치하여 보상 획득
2.1.1.1.1.1 출석 보상창 리셋
끝.
2.1.1.2 최종 출석 보상이 아닌 경우
2.1.1.2.1 터치하여 보상 획득
끝.
2.2 처음 입장이 아닌 경우
2.2.1 출석 보상 팝업 띄우지 않음
끝.

보상은 주로 재화나 스테미나, 소환권 같은 것이며 캐릭터나 장비는 거의 포함되지 않는다. 왜냐하면 라이브 서비스가 지속될수록 게임 내 물가는 인플레이션을 겪게 되는데 캐릭터와 장비는 상대적 가치가 커서 재화보다 변화에 민감하기 때문이다. 즉, 오픈 초기의 1000골드와 1년 후의 1000골드는 물론 중요도가 다르겠지만 오픈 초기의 4성 캐릭터와 1년 후의 4성 캐릭터는 차이가 클 수 있다. 이와 별도로 캐릭터나 장비를 보상으로 주게 되면 특정 캐릭터나 장비가 쌓여 자연스럽게 희소가치가 낮아지는 결과를 초래한다. 그러나 재화가 쌓이는 것은 결국 일어날 인플레이션에 따라가는 것이므로 큰 문제가 되지 않는다.

③ 로비 구성하기

소울아크의 로비 화면

현실에서 호텔에 들어가면 로비가 나타나는데, 이곳에서 호텔의 모든 곳으로 이동할 수 있는 것처럼 게임의 로비도 같은 역할을 하므로 로비의 구성은 매우 중요하다. 화면의 크기가 정해져 있어 모든 메뉴를 보여줄

실제 게임 개발 사례

순 없더라도 중요한 메뉴와 캐릭터는 반드시 로비에 위치해야 한다. 특히 중요한 메뉴는 크기와 색깔로 유저에게 어필해야하며 이런 것들이 모두 직관적이어야 유저가 쾌적하게 플레이할 수 있다. 다양한 모바일 게임들이 출시되면서 로비도 어느 정도 공통 요소들이 생겨났다.

■ 로비의 기본 요소

유저가 가장 처음 도착하는 곳이자 가장 많이 되돌아오는 곳이기 때문에 강렬한 첫인상은 물론 메뉴를 선택함에 있어 불편함이 없어야 한다. 그러면서도 필요한 내용을 효과적으로 알려줘야 하기 때문에 로비는 그야말로 정보의 홍수에 잠겨있다고 봐도 될 정도다. 이처럼 중요한 로비에는 기본적으로 갖춰야할 요소가 있다.

| 로비가 갖춰야하는 내용 |
- 전투를 할 수 있는 던전 혹은 모드
- 캐릭터 정보, 성장, 앨범 등 캐릭터와 관련된 메뉴
- 장비 정보, 성장, 인벤토리 등 장비와 관련된 메뉴
- 유저 정보, 옵션, 채팅, 메일 등 기타 메뉴
- 지정한 캐릭터 출력
- 재화 및 자원 상태

로비는 프로젝트 처음부터 만들어지고 가장 마지막까지 다듬어지는, 프로젝트의 시작이자 끝인 곳이다. 처음에는 전투, 성장, 캐릭터 등 당연히 들어가야할 것들로 화면의 대략적인 윤곽이 채워지지만 프로젝트 후반에는 실제의 구성을 확정하고 지속적으로 다듬는다.

☑ 로비 구현 방법

쿠키런 오브브레이크의 로비 화면

　로비는 이미 작동되고 있는 모드나 콘텐츠의 메뉴를 한 곳에 모은 것이므로 로비용으로 별도의 콘텐츠를 만들거나 하는 것은 없다. 다만 많은 메뉴가 모여서 복잡할 수 있으므로 이것을 얼마나 깔끔하게 정리할 수 있는지가 중요하다. 이를 바탕으로 생각해 볼 때 로비의 구현 내용은 아래와 같다.

| 로비 구현 내용 |
　○ 로비 UX 기획
　○ 각 메뉴의 링크 확인
　○ 캐릭터 출력 확인

　UX는 User eXperiance의 약자로 유저의 사용 경험을 뜻한다. 게임 개발에서의 의미는 유저가 편리하고 직관적인 경험을 하는 UI를 만들어야 한다는 것이다. 게임 내 다른 모든 UI 설계가 그렇지만 특히 로비는 UX가 매우 중요하다.

구현적으로는 당연히 로비의 메뉴들이 각 요소와 잘 연결이 되도록 하는 것이며 화면 로딩과 언로딩을 확실히 하여 빠른 전환 및 메모리 누수가 일어나지 않도록 한다. 마지막으로 캐릭터는 유저가 선택한 것을 보여주도록 한다. 모바일 게임에서 캐릭터는 매우 중요하므로 로비부터 지속적으로 노출시키는 것이다.

3 로비에서 중요한 것

로비에서 무엇 하나 중요하지 않은 것이 없지만 가장 중요한 것은 각 메뉴가 중요도에 따라 얼마나 잘 배치되어 있는가이다. 유저가 자주 누르는 버튼은 크고 아름다우며 오른손으로 터치하기 쉬운 우측 하단에 배치된다. 여기에 배치되는 가장 대표적인 것이 전투 메뉴다. 스마트폰을 양손으로 쥔다고 가정했을 때 화면 하단이 손가락으로 터치하기 쉬운 공간이므로 중요한 메뉴들은 모두 이곳에 배치된다. 상대적으로 누르기 힘든 공간인 위쪽은 유저 정보나 재화 정보 등 주로 누를 필요가 없는 정보에 대한 것들이 많으며 상단 우측은 옵션, 채팅, 메일 등 상대적으로 손이 덜 가는 메뉴가 배치된다. 이처럼 모든 메뉴는 UX적인 각자의 이유에 의해 크기와 위치가 정해진다.

로비는 유저가 처음 보는 화면이면서 가장 자주 오게 될 곳이므로 깔끔하고 보기 좋으며 불편함이 없도록 최대한 신경 써야 한다. 너무 많은 정보와 광고를 보여주면 시선이 분산되니 정말 필요한 것만 남겨야 한다. 이런 이유로 로비 기획은 매우 어려운 편에 속한다.

소울아크의 소환 화면

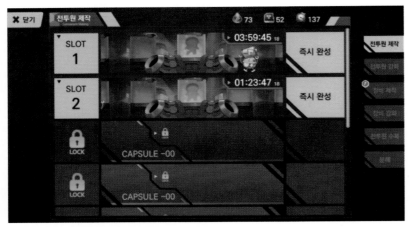

라스트오리진의 또 다른 소환인 전투원 제작

소환은 재화를 써서 캐릭터를 얻는 시스템이다. 소환에서 과금 유도가 활발한 이유는 빠르게 원하는 캐릭터를 얻을 수 있다는 가능성 때문이다. 원래 좋은 캐릭터는 오랜 시간을 플레이해도 얻을 수 있다는 보장이 없는데, 소환은 재화만 있으면 확률에 따라 다르긴 하지만 얻을 가능성이 높기 때문이다. 이것은 돈은 있는데 바쁜 현대인에게는 편리한 시스템이지만 사행성의 문제가 항상 따라다니는 단점도 있다.

■ 소환의 기본 요소

소환은 확률로 시작해 확률로 끝난다고 봐도 될 정도로 확률이 전부인 시스템이다. 확률을 얼마나 잘 조절하느냐에 따라 게임의 수명이 결정될 정도로 중요해서 밸런스의 시작이자 끝이라고도 할 수 있다.

| 소환의 기본 요소 |
○ 확률
○ 가격

캐릭터 소환 확률에 영향을 주는 것은 캐릭터의 성능과 비주얼, 그리고 그에 맞는 적절한 가격이다. 이처럼 단순하고 명확한 시스템이지만 구현은 매우 복잡하다.

② 소환 구현 방법

소환 종류	캐릭터 / 장비	소환 성급	최소 3성 ~ 최대 5성
소환 재화	골드 / 젬	소환 확률	각 소환 테이블 참조
소환 가격	1회 200 / 10회 2000	유지 시간	시작일 / 종료일
소환 방법	1회 / 10회		

소환 기본 데이터

위에서 소환 기본 데이터라고 한 이유는 소환에는 여러 가지 걸려있는 데이터가 매우 많기 때문이다. 그럴 수밖에 없는게 어떤 캐릭터를 얼마의 가격과 확률로 내보이느냐는 게임의 수명과 과금에 직결되기 때문이다.

소환 구성 요소는 위의 표와 같으며 특히 중요한 것은 소환 성급과 그에 따른 확률이다. 가격이 고정이라면 좋은 캐릭터일수록 확률이 낮은 것은 기본이다. 문제는 확률을 얼마나 유저가 납득할 수 있는 수준에 맞추는가, 그러면서도 개발사가 돈을 벌 수 있는가이다. 알아볼 것이 많지만 가장 간단한 캐릭터 뽑을 확률부터 알아보자.

번호	성급	확률
1	1	40
2	2	30
3	3	20
4	4	9
5	5	1

성급 소환 데이터

위 표는 캐릭터 성급에 따라 얼마의 확률로 뽑힐지 정의한 것이다. 1성은 40%, 2성은 30%, 3성은 20%, 4성은 9%, 5성은 1%의 확률로 등장한다. 간단히 말해 100번 소환하면 5성이 1명 나온다는 것이다. 이것이 성급을 기준으로 한 가장 기본적인 소환 데이터다. 이 데이터는 단순명료하지만 요즘 게임은 이렇게 단순하지 않다. 위 데이터대로라면 모든 4성은 9%, 모든 5성은 1%가 된다. 라이브 서비스를 하다보면 5성 중에서도 일부는 좀 더 높은 확률로 나오게 해야할 필요도 있다. 이 경우에는 아래와 같이 소환 그룹을 별도로 생성해서 관리해야 한다.

실제 게임 개발 사례

번호	성급	확률	그룹
1	1	40	100
2	2	30	101
3	3	20	102
4	4	9	103
5	5	1	104

성급 소환 그룹 데이터

위의 성급 소환 데이터에서 그룹을 추가한 후 다시 보면, 1성은 40%의 확률로 뽑히며 100번 그룹에 속해있고, 2성은 30%의 확률로 뽑히는데 101번 그룹에 속해있다. 그룹은 비슷한 캐릭터끼리 묶은 것으로 캐릭터 간의 확률 조절이 가능하다는 장점이 있다.

번호	캐릭터	확률
100	10001	20
100	10002	40
100	10003	20
100	10004	20
101	10005	10

그룹별 소환 확률

이렇게 하면 100번 그룹에는 캐릭터가 10001, 10002, 10003, 10004의 네 명이, 101 그룹에는 10005 한 명이 속해있다는 것을 알 수 있다. 100번 그룹의 각 캐릭터 소환 확률은 각각 20, 40, 20, 20이며 10002번 캐릭터가 100번 그룹 내의 다른 캐릭터보다 소환될 확률이 두 배 높음을 알 수 있다.

위의 내용을 〈성급 소환 그룹 데이터〉에 적용하면 결국 아래와 같다.

'유저가 소환을 실행하면 1성이 나올 확률이 40%이며, 그 안에서도 10002번 캐릭터가 나올 확률이 다른 캐릭터에 비해 2배가 된다.'

이를 로직으로 정리하면 다음과 같다.

예시 소환 로직

1. 유저가 소환 실행
2. 〈성급 소환 그룹 데이터〉 체크
2.1 확률 계산 결과 1성이 선택됨
2.1.1 체크결과 1성은 100번 그룹임
끝
3. 〈그룹별 소환 확률〉 체크
3.1 100번 그룹에 소속된 캐릭터의 확률을 체크
3.1.1 체크결과 10002번이 선택됨
3.1.1.1 캐릭터 10002번을 소환시킴
끝.

결국 10002번 캐릭터가 소환에서 나올 확률은 40%로 먼저 선택된 후, 거기서 다시 40%의 확률로 선택되었다. 즉 0.4 * 0.4 = 0.16 이 되어 실제로는 16%의 확률로 나오게 된 것이다.

위의 소환 로직은 매우 단순하게 표현한 것이며 서비스 중인 게임들은 핫타임이나 소환 확률업 등 다양한 외부 요소에 의해 확률 변동이 복잡하게 진행된다. 운영 관련된 버그가 소환에서 많이 발생하는 것도 사람이 직접 숫자를 조정하다보니 생기는 것도 있지만 구조 자체가 복잡하기 때문인 것도 있다.

실제 게임 개발 사례

❸ 확률에 영향을 주는 요소

확률에 영향을 주는 건 크게 세 가지다. 성급, 캐릭터 성장속도, 과금이다. 예를 들어 5성이 1%의 확률로 소환된다고 가정하자. 5성은 게임에서 가장 좋은 캐릭터이므로 가장 적은 확률로 설정되었다는 것은 충분히 이해될만 하다.

캐릭터 성장속도는 게임에서 얻게 되는 성장 관련 재화와 자원을 하루 일정 시간 꾸준히 플레이한다고 했을 때 얼마만에 최고 수준까지 성장시킬 수 있는가에 대한 것이다. 5성을 너무 자주 얻을 수 있게 되면 같은 캐릭터와 합성하는 성장인 한계돌파가 쉬워져 최고 성장까지 금방 다다르게 될 것이다.

유저가 과연 확률이 어느 정도일 때 도전할 만하다 느끼며 결제를 하는지, 이것이 과금 포인트이다.

❹ 소환에서 중요한 것

소환에서 중요한 것은 딱 두 가지다. 적절한 확률로 설정되어 있는가와 버그가 없는 것이다. 소환에서 문제가 생기면 십중팔구 걷잡을 수 없는 경우로 치닫게 되며 최대한 빨리 해결한다고 해도 피해를 입은 유저가 다수 발생하게 된다. 라이브 서비스 중에는 각종 이벤트로 인해 소환확률을 조정할 일이 불가피한데 이때는 힘들더라도 꼼꼼하게 테스트해야 한다.

마지막으로 확률은 유저에게 명확히 고지하여 오해가 없도록 하는 것역시 중요하다. 유저가 확률을 신뢰하지 않으면 게임의 성공은 먼 얘기가 될 것이다.

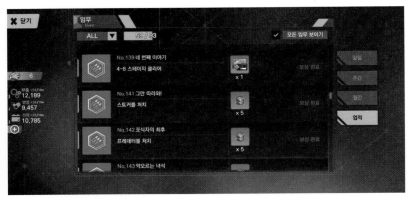

라스트오리진 임무

퀘스트는 구현 난이도가 비교적 간단하지만 전투와 성장 다음으로 중요한 시스템이다. 유저는 게임에서 무엇을 해야할지 모를 때 재미를 느끼지 못해 이탈하게 되는데 그것을 방지하는 것이 퀘스트의 역할이다. 잘만들어진 퀘스트는 유저가 잠깐이라도 망설일 틈 없이 숨가쁘게 재미를 쫓아가게 하며 적절한 보상으로 성장의 기쁨까지 느끼도록 한다.

■ 퀘스트 기본 요소

퀘스트에는 중요한 몇 가지 기본 요소가 있으며 이것은 거의 모든 게임이 비슷하게 따르고 있다.

| 퀘스트 기본 요소 |
○ 이름과 내용
○ 클리어 조건
○ 보상

쿼스트에는 당연히 이름과 내용이 들어간다. 이름은 '몬스터 토벌하기', 내용은 "저주받은 숲에 사는 몬스터 10마리를 토벌해 주세요. 보상으로 500골드 드릴게요." 같은 것이다. 이때 이름과 내용은 유저가 봤을 때 매우 직관적이어야한다. 특히 이름만 봐도 '어떤 퀘스트겠구나' 하는 것이 와닿아야 하며 그렇게 해야 내용을 보고 싶어진다.

내용 역시 중요한데 두 가지가 만족되어야 한다. 첫째는 정확히 퀘스트를 어떻게 수행하면 되는지에 대한 방법 전달이다. 언제(아무때나), 어디서(저주받은 숲), 무엇을(몬스터를), 어떻게(토벌), 얼마까지(10마리) 해야하는지를 알려준다. 둘째는 퀘스트를 왜 받아야하는지, 수행하고 나서 어떻게 되는지를 알려줘야 한다. 메인 퀘스트는 시나리오를 따라가므로 퀘스트가 왜 발생했고 왜 해야하는지, 그리고 결과로 어떻게 되는지 명확하다. 그외 다른 퀘스트는 보상이 확실해야 한다. 위에서 예로 든 퀘스트는 왜 해야하는가에 대해 500골드라는 보상이 걸려있으므로 이유가 된다.

정리하면, 이름을 보면 어떤 퀘스트인지 바로 알 수 있어야 하고 내용에는 구체적인 수행 방법이 적혀 있으며 왜 해야하는지는 스토리나 보상을 근거로 해야 한다.

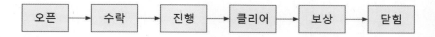

참고로 퀘스트의 오픈부터 닫힘까지 위의 과정으로 진행되며 특히 MMORPG처럼 퀘스트의 양이 많을 때는 오픈과 수락이 매우 제한적이다. 주로 유저레벨 혹은 현재 머물고 있는 지역과 스토리 기반으로 오픈된다고 보면 된다. 반면 모바일 게임은 대부분 모두 오픈되어있고 수락도 되어있는 상태가 많아 플레이를 열심히 하다보면 자연스럽게 진행되어 어느새 클리어되어있는 경우도 많다.

2 퀘스트 구현 방법

퀘스트는 기획, UI, 클라이언트, 서버 등 거의 모든 직군이 개발에 참여해야할 정도로 중요하지만 난이도가 많이 높지는 않다. 다만 구현 후 제대로 작동되는지에 대한 수많은 테스트가 기다리고 있을 뿐이다. 퀘스트가 많을수록 꼼꼼히 체크해야 하는 사항이 많아 시간이 오래 걸리며 특성상 후반쯤에 작업되므로 시간에 쫓기는 경우가 많아 밸런스 버그가 종종 일어나는 편이다.

| 퀘스트 구현 방법 |
- 퀘스트 시스템 기획
- 퀘스트 기획 데이터 제작
- 퀘스트 숏컷 제작
- 퀘스트 UI 연결
- UI, 텍스트 및 보상 수령 확인

시간	일일 퀘스트는 하루 단위로 리셋되며 매일 수행하면서 일정 보상을 받는다. 거의 모든 모드를 플레이하도록 하며 보상도 좋다. 주간 퀘스트는 일일 퀘스트의 확장판이며 일주일 안에 수행하면 된다.
메인	주로 메인 시나리오를 따라가며 발생하는 퀘스트. 보상도 좋기 때문에 가장 먼저 하게 된다.
도전	유저의 도전 욕구를 자극해 업적을 쌓도록 하는 퀘스트. 한 번 클리어하면 대부분 사라진다.
기타	업데이트 한 후 이벤트로 발생하는 단발성 퀘스트

퀘스트의 종류

퀘스트를 처음 기획할 때 기본 요소를 바탕으로 먼저 종류부터 정한다. 보통 일일 퀘스트, 주간 퀘스트 같이 시간에 바탕을 둔 것이 있는가 하면 시나리오를 따라가는 메인 퀘스트, 업적 달성을 유도하는 도전 퀘

실제 게임 개발 사례

스트가 있다. 종류부터 정하는 이유는 이렇게 해야 다음의 기획 데이터를 만들 수 있기 때문이다. 종류가 결정되면 그에 맞는 항목들을 개설하여 값을 채워넣으면 데이터 제작이 1차 완료된다. 이것들을 UI와 제대로 연결되었는지, 텍스트와 보상은 제대로 나타나는지 테스트하면 된다.

❸ 퀘스트 기획 데이터

퀘스트에 대한 구체적인 항목과 값을 넣어서 실제로 작동하도록 만드는 데이터다. 게임마다 다르지만 보통 아래와 같은 요소로 구성되어 있다.

번호	타입	오픈	이름	내용	조건_1	조건_2	수량	보상
1001	1	1	일퀘	100	1	0	10	900
2001	2	2	메인	200	3	60	3	500

좌측부터 나열된 칼럼의 뜻은 아래와 같다.

- **번호**: 퀘스트 번호
- **타입**: 퀘스트 종류. 시간, 메인, 도전, 기타를 구분. 여기서는 설명을 위해 1은 일일 퀘스트, 2는 메인 퀘스트라고 가정.
- **오픈**: 퀘스트가 열리는 조건. 유저 레벨에 의한 것인지, 선행 퀘스트가 클리어되어야 열리는지 등을 정함. 여기서 1, 2는 각각 유저 레벨.
- **이름**: 퀘스트 이름. 원래는 텍스트 관리 파일에서 텍스트를 따로 정리하지만 여기에 이름을 쓴 이유는 기획자가 퀘스트를 알아보기 편리하도록 하기 위함이며 글로벌로 진출할 때는 따로 준비해야 함.
- **내용**: 퀘스트 내용. 어떻게 플레이해야 퀘스트를 클리어할 수 있는지를 정의. 캐릭터를 성장시킬지, 던전을 클리어할지 등. 100은 던전 클리어, 200은 캐릭터 성장.

○ **조건**: 퀘스트의 세부 조건.

○ **수량**: 퀘스트를 클리어하기 위해 요구되는 수량.

○ **보상**: 퀘스트 클리어 시 받게 되는 보상.

그외 이름과 내용 텍스트는 앞에서 다룬 텍스트 관리 파일에 항목을 만들어 넣으면 된다.

예시 **퀘스트 로직**

---

1. 퀘스트를 수락함

1.1 퀘스트 내용에 따른 조건을 만족했는지 체크

1.1.1 만족한 경우

1.1.1.1 퀘스트 클리어

1.1.1.2 보상 부여

1.1.1.3 퀘스트 종류에 따라 닫을지 유지할지 결정

끝.

1.1.2 만족하지 못한 경우

1.1.2.1 퀘스트 유지

끝.

로직은 간단해 보이지만 퀘스트 오픈부터 종료까지 체크해야할 사항이 매우 많다. 이런 것들을 빠짐없이 확인하고 문제가 없도록 만드는 것이 중요하다.

4 퀘스트 바로가기

어떤 게임은 퀘스트에 〈바로가기〉 버튼이 달려있는 것을 볼 수 있다. 그것을 누르면 퀘스트가 수행되는 곳으로 바로 이동하여 편리하게 퀘스트를 클리어할 수 있다. 아래와 같이 구현한다.

실제 게임 개발 사례

내용번호	바로가기
100	50

바로가기에서 가장 중요한 것은 퀘스트의 내용이 무엇이냐는 것이다. 그에 따라 퀘스트가 클리어되는 곳으로 보내주기 때문이다. 그래서 퀘스트 내용의 번호를 불러온다. 바로가기 번호는 클라이언트와 미리 논의된, 게임 콘텐츠 내의 좌표를 뜻한다. 위에서 50이라고 지정된 곳이 만약 시나리오 던전이라면 앞으로 내용번호 100인 퀘스트는 바로가기를 눌렀을 때 시나리오 던전으로 이동하게 된다.

5 퀘스트 개발 시 중요한 점

퀘스트에서 가장 중요한 것은 유저가 하고 싶은 마음이 들도록 하는 것이다. 내용이나 보상은 모두 이것을 위해 있는 것이다. 다음은 유저의 플레이를 자연스럽게 안내하는 배치다. 가장 좋은 것은 유저가 재밌어서 플레이하다보니 퀘스트들이 클리어되어 있는 것이다. 이것은 유저가 재밌어하는 곳에 퀘스트가 연결되어 있다는 뜻이므로 매우 적절한 배치라고 할 수 있다. 좋은 번역은 독자가 번역가의 존재를 모를 때라는 것처럼 퀘스트 역시 마찬가지이다. 이야기가 재미있어서 계속 진행한다면 거기에 걸린 퀘스트는 저절로 클리어되는 것이다.

마지막으로 보상이 중요한데, 퀘스트의 보상은 캐릭터 성장 밸런스와 밀접하게 연관되어 있다. 밸런스를 위해 보상을 적게 설정하면 퀘스트를 하도록 유도하기 힘들다. 유저가 퀘스트를 플레이한 수고에 대해 충분히 납득할만한 보상을 안겨줘야 한다. 만약 개개의 보상을 제한해야 한다면 퀘스트들을 클리어했을 때 받는 통합 보상을 상향시켜볼 수 있다.

⑥ 던전 구성하기

소울아크 월드맵

던전은 적군 NPC가 있는 곳이며 이곳에 가면 전투가 벌어진다. 적군이 누구냐에 따라 스토리가 진행될수도 있고 아니면 단순히 퀘스트를 수행하기 위해 잡다한 몬스터를 처리할 수도 있다.

■ 던전 기본 요소

던전은 다양하지만 전투라는 요소를 바탕으로 기본으로 갖추는 요소들이 있다.

| 던전 기본 요소 |
- 종류
- 전투 목적
- 고유 보상

실제 게임 개발 사례

던전의 종류는 누구와 어떻게 싸우는가로 정해진다. 전투는 게임에서 매우 중요하므로 유저가 갖고 있는 캐릭터를 최대한 다양하게 활용하도록 유도해야하는데 그러기 위한 가장 효과적인 방법은 전투를 다양하게 만드는 것이다. 그에 따라 던전도 다양해진다. 던전마다 보상을 다르게 하면 유저가 던전을 골고루 플레이한다. 강화재료 같은 자원 말고도 던전 코인, 무한 코인 등 재화가 구분되는 경우도 많다.

던전	목적	내용
시나리오	스토리	처음 시작하는 곳으로 스토리를 따라가며 게임을 이해한다. 가장 기본적인 전투가 벌어지며 보상도 좋다.
요일	속성	요일별로 캐릭터 성장에 필요한 재료를 얻는다. 요일은 속성으로 구분되므로 속성별로 전투원을 준비해 놓는 것이 좋다.
무한	다수의 캐릭터	유저가 키운 다양한 캐릭터를 모두 활용하여 플레이시키는 데 목적이 있다. 무한의 탑 등 계속 연결해서 무한히 진행한다.
이벤트	특정(신규) 캐릭터	레이드 등 비정기적으로 열리는 던전이다. 매우 강력한 보스가 있으며 친구와 협업하여 클리어하고 매우 좋은 보상을 받는다.
길드	길드원 협력	길드 전용 던전이며 길드원들이 협력해야 클리어 할 수 있는 어려운 적이 등장한다. 길드 전용 보상을 획득한다.

2 던전 구현 방법

던전 구현 시 가장 중요한 것은 레벨 디자인이다. 던전에서 전투가 여러번 벌어지게 될텐데, 레벨 디자인이 치밀하지 못하면 난이도가 들쭉날쭉해져 재미를 느끼지 못하고 이탈하게 된다. 레벨 디자인이 잘 되어있으면 전투의 재미가 극대화되어 던전에서 열심히 플레이하게 된다. 구현 방법은 아래와 같다.

| 던전 구현 방법 |

- ○ 던전 콘셉트 설정
- ○ 던전 전투 기획
- ○ 던전 기획 데이터 제작
- ○ 던전 레벨 디자인
- ○ 던전 보상

던전 콘셉트는 전투를 기반으로 설정한다. 여기서 어떤 종류의 전투가 일어나는지, 그에 따라 던전은 어떻게 콘셉트를 잡을지 정해진다. 여기까지 결정되면 전투 세부 기획을 한다. 이와 동시에 기획 데이터를 제작하며 보상까지 포함해서 어느 정도 작업이 끝나면 레벨 디자인을 통해 끊임없이 테스트를 진행한다.

3 던전 기획 데이터

던전에 대한 구체적인 항목과 값을 넣어서 실제로 작동하도록 만드는 데이터다. 게임마다 다르지만 보통 아래와 같은 요소로 구성되어 있다.

순서대로 던전 기본 데이터, 던전 스테이지 데이터, 던전 보상 데이터다.

번호	타입	오픈	이름	스테이지
1001	1	1	메인	10011
2001	2	2	요일	20011

좌측부터 아래와 같다.

- ○ **번호**: 던전 번호
- ○ **타입**: 던전 종류. 메인 던전인지 요일 던전인지 구분
- ○ **오픈**: 어떤 조건으로 열리는지 정의. 유저레벨인지 앞의 던전을 클리어해야 하는지 등
- ○ **이름**: 던전 이름
- ○ **스테이지**: 던전에 들어가는 스테이지 번호

번호	스테이지	행동 포인트	라운드	보스
1001	10011	10	3	100003

좌측부터 아래와 같다.

- ○ **번호**: 던전 번호
- ○ **스테이지**: 던전에 속한 스테이지의 번호
- ○ **행동 포인트**: 던전에 입장 시 얼마의 행동 포인트가 필요한지 설정된 값
- ○ **라운드**: 스테이지가 몇 개의 라운드로 나뉘는지 정의
- ○ **보스**: 보스 캐릭터의 번호

참고로 다른 몬스터와 달리 보스가 누군지 정의하는 것은 스테이지의 대표 아이콘으로 보스 모습이 등장하는 것을 대비하기 위함이다.

번호	스테이지	경험치	최소보상	최대보상	캐릭터	수량	첫 클리어 보상	첫 클리어 보상 수량
1001	10011	100	1000	3000	100003	1	100003	1

좌측부터 아래와 같다.

- ○ **번호**: 던전 번호
- ○ **스테이지**: 스테이지 번호
- ○ **경험치**: 스테이지 클리어 시 받는 경험치
- ○ **보상(골드)**: 보상의 최소 ~ 최대값을 랜덤으로 결정
- ○ **보상(캐릭터)**: 보상으로 받는 캐릭터 번호
- ○ **수량**: 보상으로 받는 캐릭터의 수량
- ○ **첫 클리어 보상**: 스테이지를 처음 클리어할 때 받는 보상
- ○ **첫 클리어 보상 수량**: 최초 보상을 몇 개 받을지 결정

위 기획 데이터들은 개념을 잡기 위한 기본 내용이며 게임에 따라 세부적으로 추가하여 사용하면 된다.

예시 던전 로직
_____

1. 던전의 스테이지에 입장
1.1 몬스터 정보, 보상 등 스테이지에 관련된 정보 호출
1.2 스태미나 차감
1.2.1 전투 진행
1.2.1.1 승리한 경우
1.2.1.1.1 스테이지 클리어. 보상 획득
끝.
1.2.1.2 패배한 경우
1.2.1.2.1 스테이지 클리어되지 않음
끝.

실제 게임 개발 사례

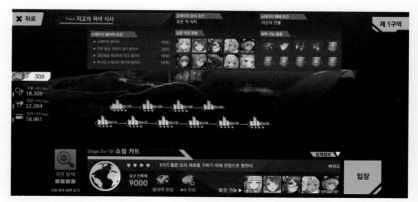

라스트오리진 던전

❷ 레벨 디자인

라스트오리진 전투 장면

레벨 디자인은 던전에서 몬스터를 배치하는 것 말고도 던전의 지형이
나 지물을 적절히 배치하여 유저가 클리어하는 재미를 느끼게 하는 것이
다. 더욱 큰 의미로 본다면 게임 전체를 꿰뚫는 밸런스로도 볼 수 있지만
여기서는 몬스터의 배치로 한정한다.

던전의 전투가 재미있는가 없는가의 절반 이상은 레벨 디자인이 책임진다. 유저의 성장에 맞춰 적당하게 설정된 적군을 유저가 간당간당하게 승리하게 만드는 것이 잘 된 레벨 디자인이다. 물론 유저에게 성장을 유도할 필요가 있을 경우 난이도의 벽으로 가로막을 필요도 있다.

번호	스테이지	라운드	AI	몬스터	몬스터 레벨
1001	10011	1	1	3	60

좌측부터 아래와 같다.

- ○ **번호**: 몬스터를 배치할 던전 번호
- ○ **스테이지**: 몬스터가 배치될 스테이지 번호
- ○ **라운드**: 스테이지가 몇 개의 라운드로 나뉘는지 정의
- ○ **AI**: 몬스터가 얼마나 영리하게 움직이는지
- ○ **몬스터**: 몬스터 번호
- ○ **몬스터 레벨**: 몬스터의 레벨

5 던전 구성 시 중요한 점

라스트오리진 타깃 설정

실제 게임 개발 사례

던전 구성에서 중요한 것은 어떤 전투를 보여주고 싶은가이다. 그에 따라 던전 종류가 정해지고 보상이 정해진다. 던전 전투의 목적이 확실하고 다양해야 유저가 그에 대응하기 위해 다양한 캐릭터를 성장시킨다. 이것이 캐릭터 소환을 촉진시켜 결국 과금으로 이어지게 된다.

레벨 디자인은 재미가 첫째, 밸런스가 둘째다. 무조건 재미있어야하며 밸런스에 의한 배치가 필요하다. 유저가 언제 어느 캐릭터의 조합으로 어느 정도 성장했는지 예측하고, 그에 따라 적을 세팅하면 재미있는 전투가 나올 기반이 마련된 셈이다.

⑦ 장비 시스템

라스트오리진 장비 정보

■ 장비 기본 요소

캐릭터의 강함은 캐릭터 자체의 강함과 장착한 장비의 강함, 두 가지의 합으로 결정된다. 캐릭터 자체는 스테이터스, 스킬이 대표적이고 장비는 스테이터스, 옵션이 대표적이다. 게임에 따라 장비가 없는 것도 있는데 이런 경우라도 장비와 비슷한 역할을 하는 것은 반드시 있기 마련이다.

| 장비 기본 요소 |
○ 종류
○ 장착 조건
○ 성장
○ 옵션
○ 눈에 보이는가

장비는 크게 무기와 방어구로 나뉜다. 무기는 캐릭터가 들고 휘두르는 것부터 그냥 갖고만 있는 것까지 다양하지만 주로 공격에 관련된 스테이터스를 갖고 있다. 방어구는 캐릭터를 공격으로부터 방어해주거나 체력을 늘려준다. 그외 게임에 따라 상의, 하의, 신발, 장신구 등 세분화된다.

장착 조건은 장비를 착용할 수 있는 조건이다. 보통 캐릭터의 성급이나 레벨에 의해 영향을 받는데 캐릭터 성장이 우선되어야 가능하다는 것은 장비가 캐릭터에 종속된다는 것을 의미한다. 다만 더 좋은 장비가 나왔는데 캐릭터의 성장이 부족하면 이를 위해 유저는 캐릭터를 성장시키고자 하는 긍정적인 효과도 있다.

장비의 성장은 보통 같은 장비와 합성하거나 강화재료를 사용하며 스테이터스가 증가하는 효과가 있다. 이것이 사실상 장비의 유일한 성장인데 유저는 장비를 성장시키는 것보다 더 좋은 장비의 획득을 선호한다. 또 옵션은 장비에 추가되는 스테이터스 혹은 스킬로 좋은 옵션을 모으는 것이 장비의 최종 성장이라고 할 수 있다.

마지막으로 장비의 착용이 눈에 보이는가 안 보이는가도 중요하다. 기왕이면 눈에 보이는게 좋겠지만 스펙상 못 보여주는 경우도 많다. 혹은 평소에는 보이지 않지만 유료로 구매한 고급 장비만 보여주는 경우도 있다.

② 장비 구현 방법

먼저 캐릭터의 강함과 장비의 강함을 어느 정도의 비율로 정할 것이냐부터 시작해야 한다. MMORPG는 캐릭터보다 장비의 비중이 매우 크지만, 단순한 캐릭터 위주의 게임은 장비가 아예 없는 경우도 있다. 장비를 넣기로 했다면 이 비율부터 정해야 한다. 이것이 정해진 후에 어떤 장비를 장착시킬 것인지 정한다. 무기는 기본이며 신체부위별로 나누는 것이 일반적이다.

| 장비 구현 방법 |
- 캐릭터와 장비의 강함 비율 설정
- 어떤 장비를 입힐지 정의
- 장비 성장 기획
- 장비 기획 데이터 제작
- 리소스 제작

장비의 기본적인 부분이 정해졌다면 어떻게 성장시킬지를 기획한다. 대부분 재료를 합성하여 스테이터스를 증가시키는 방식을 채용하며 가장 마지막으로는 옵션 장착을 고려해야 한다. 이를 바탕으로 기획 데이터를 작성하고 그래픽팀에는 리소스를 요청하면 된다.

❸ 장비 기획 정보

장비는 레벨과 성급, 스테이터스를 갖고 있어서 기본은 캐릭터와 유사하다.

번호	레벨	이름	타입	성급	중복	능력치	강화
1001	1	단검	1	1	0	1	0

좌측부터 아래와 같다.

- **번호**: 장비의 번호
- **레벨**: 장비의 레벨. 장비의 스테이터스 증가를 레벨로 정의할 경우에 필요
- **이름**: 장비의 이름
- **타입**: 장비의 종류. 1번은 무기, 2번은 머리, 3번은 상의, 4번은 소비 아이템 같은 분류
- **성급**: 장비의 성급
- **중복**: 아이템을 인벤토리에 중복해서 쌓아둘 수 있는지의 여부. 보통 장비는 중복해서 쌓을 수 없지만 소모성 아이템은 중복이 가능
- **능력치**: 게임에 존재하는 스테이터스 중 장비를 통해 적용되는 것들. 체력, 공격력, 방어력 등
- **강화**: 장비가 처음부터 얼마나 강화된 상태로 등장하는가

여기에 게임에 따라 필요한 값들, 예를 들어 처음부터 옵션을 달고 있거나 스킬이 있다면 추가 칼럼을 만들어 넣으면 된다.

실제 게임 개발 사례

> **예시** 장비 장착 로직
>
> 1. 장비 선택
> 1.1 장비 장착 조건(성급, 레벨, 클래스) 체크
> 1.1.1 장착 가능할 때
> 1.1.1.1 장비 장착
> 1.1.1.2 기존에 장착한 장비가 있으면 교체
> 1.1.1.3 스테이터스 적용
> 끝.
> 1.1.2 장착 불가능할 때
> 1.1.2.1 '장착할 수 없습니다' 메시지 출력
> 끝.

4 장비 강화

경험치를 모아 레벨을 올리는 캐릭터의 성장처럼 장비는 재료와 합성하여 강화 포인트를 올리는 것이 주된 성장이다. 주로 같은 장비와 합성하게 되는데 게임에서 장비가 보상으로 잘 나오기 때문이다.

성급	강화	포인트
1	1	100

강화 대상 장비가 필요한 강화 포인트 정보

좌측부터 아래와 같다.

- **성급**: 강화하고자 하는 장비의 성급
- **강화**: 강화 단계
- **포인트**: 강화가 될 때까지 필요한 포인트

성급	포인트	필요금액
1	100	110

장비 강화 재료로 쓰이는 장비의 포인트 DB

좌측부터 아래와 같다.

- ○ **성급**: 강화 재료로 쓰이는 장비의 성급
- ○ **포인트**: 강화 재료로 쓰일 때 제공되는 포인트
- ○ **필요금액**: 강화 시 해당 재료가 요구하는 금액

강화에 따른 스테이터스 증가는 아이템마다 고정값으로 하거나 공식으로 처리해도 된다. 공식일 경우 간단하게 정의하면 아래와 같다.

강화된 스테이터스 값 = 성급 * 강화 * 10

예를들어 1성을 +1강화했다고 하면 강화된 스테이터스 값은 10이며, 2성을 +3강화했다고 하면 60이 된다. 이것을 기존 스테이터스에 퍼센트로 곱하거나 더해주면 스테이터스 성장이 일괄적으로 적용된다. 이처럼 공식으로 하면 편리하지만 장비의 주요 스테이터스는 다양하므로 종류에 따라 차등 적용할 필요가 있다. 스테이터스 값이 10이 되었다고 모든 스테이터스에 10을 곱해버리면 체력은 별로 차이가 안 나지만 공격력은 매우 큰 폭으로 상승할 수도 있다.

실제 게임 개발 사례

장비 강화 로직

1. 강화하고자 하는 장비에 재료를 합성함
1.1 강화 대상 장비의 성급, 강화도, 필요 포인트 체크
1.2 강화 재료의 성급, 제공 포인트, 필요 금액(골드) 체크
2. 강화가 가능한지 체크
2.1 강화 대상 장비의 강화도가 최종 단계이거나 골드가 부족할 때 강화 못함
끝.
2.2 강화 가능하면 진행
2.2.1 공식에 의해 스테이터스를 얼마나 증가시킬지 결정
2.2.1.1 강화 장비에 적용함
끝.

장비 강화에서 중요한건 강화 재료의 효과적인 사용과 강화 대상의 능력 향상이다. 확실히 강해진 효과가 나타나야만 장비 강화에 의미가 있다. 하지만 장비의 종류가 매우 많기 때문에 밸런스를 위해서라도 눈에 띄도록 강한 효과를 주기 어렵다. 그래서 강화할 때마다 숨겨져있던 스테이터스가 나타나거나(이것까지 감안해서 미리 밸런싱) 강화를 최종단계해야만 정말 강해지는 효과를 주는 방법으로 구현하는 것이 추세이다.

5 장비 옵션

장비의 특징 중 하나는 옵션을 추가하여 능력을 확장할 수 있다는 것이다. 옵션은 간단히 말해서 일종의 스킬이므로 장비의 최종 성장은 좋은 옵션을 장착하는 것이라고 할 수 있다. 옵션을 획득하는 방법으로는 성장 시 확정된 스킬을 부여하는 것과 확률로 뽑는 것 두 가지 방법이 있다.

번호	옵션등급	스킬	능력치
1001	1	110	1000

장비 옵션 기본 DB

좌측부터 아래와 같다.

- **번호**: 옵션을 갖고 있는 장비 번호
- **옵션등급**: 옵션의 등급
- **스킬**: 스킬 테이블에서 불러오는 스킬 번호
- **능력치**: 옵션의 능력을 별도로 설정해야할 때 추가하는 값

옵션을 장비마다 확정으로 획득한다고 하면 위 테이블의 값을 기본으로 확장하면 되고, 소환으로 뽑는다고 가정하면 캐릭터 소환의 방식으로 하면 된다.

번호	성급	확률	그룹	번호	옵션	확률
1	1	40	100	100	10001	20
2	2	30	101	100	10002	40
3	3	20	102	100	10003	20
4	4	9	103	100	10004	20
5	5	1	104	101	10005	10

장비 성급별 옵션 소환 확률(좌)과 옵션 선택 확률(우)

> **예시** 장비 옵션 로직
>
> 1. 장비에서 옵션을 소환함
> 1.1 해당 장비의 성급을 체크, 어떤 옵션 그룹에서 뽑을지 확인
> 1.1.1 옵션 그룹에서 어떤 옵션을 실제로 뽑을지 확인
> 1.1.1.1 해당 옵션을 장비에 붙임
> 1.1.1.2 옵션 뽑을 때 필요한 재화를 소모시킴
> 끝.

앞에서 알아봤듯이 장비 강화는 유의미해야 하지만, 밸런스 문제로 이를 적합하게 구성하기가 쉽지 않다. 옵션도 마찬가지로 능력치가 너무 강하면 장비의 불균형뿐만 아니라 해당 장비를 장착한 캐릭터가 매우 강해져 전체적으로 게임 밸런스를 붕괴시킬 우려가 있으므로 주의해야 한다.

6 장비에서 중요한 것

장비의 기본 능력과 강화, 옵션에 대해 알아보았다. 장비는 캐릭터의 강함 일부를 책임지기 때문에 유저에게 매우 중요한 시스템이다. 장비의 강함을 어느 정도로 할 것인가에 따라 게임성이 바뀐다고도 할 수 있다. 거기다 장착한 장비가 보이는가 보이지 않는가도 중요한 문제다.

최근의 트렌드는 캐릭터는 편하게 얻을 수 있게 한 후, 캐릭터를 강하게 만드는 장비는 많은 성장을 요구하는 쪽으로 가고 있다. 장비 성장의 최종단계는 좋은 옵션을 많이 구해서 장착하는 것이므로 옵션이 점차 소환 방식으로 바뀌고 있다. 이렇게 하면 유저 입장에서는 캐릭터를 쉽게 얻어서 좋고, 장비 성장에 부담을 느낀다면 굳이 하지 않아도 웬만한 콘텐츠는 즐길 수 있다는 장점이 있다. 장비 성장까지 한다면 최상위 콘텐츠의 상위 랭킹을 노려볼 수 있다.

제안과 실패,
그리고 또 제안

플레이가 중반 정도 흐르면서 로봇이 헬기를 잡아당기는 모습이 나오자 시종일관 팔짱을 끼고 있던 사장님이 상체를 앞으로 숙이며 관심을 보였다. 됐다! 분명 마음에 든다는 제스쳐가 틀림없! 나는 속으로 안도의 한숨을 쉬었다. 무사히 시연이 끝나고 정적이 흘렀다. 임원들 모두 사장님이 첫 마디 하는 것을 기다리고 있었다.

"잘 봤습니다."

사장님은 보고 느낀 점을 날카롭게 지적했다. 하지만 주로 호의적인 내용이었고 임원들도 긍정적인 피드백을 주었다. 단상에 서서 질문을 받던 디렉터는 나에게도 말할 기회를 주었다. 레벨 디자인은 어떻게 할 생각이냐는 사장님의 질문에, 레벨 디자인은 왕도가 없으며 계속된 반복 플레이로 재미를 찾아 나가야 한다고 대답했다. 사장님은 그 말이 특히 마음에 든 것 같았다.

"앞으로도 이런 프로젝트가 우리 회사에서 많이 보였으면 좋겠네요. 모두 수고했어요."

사장님이 퇴장할 때까지 모두 일어서 있었다. 이후 임원들도 고생했다며 격려해주었다. PD는 입이 귀에까지 걸렸고 디렉터도 안도의 한숨을 쉬었다. 팀원들이 기뻐한 것은 당연했다. 이후 프로젝트는 회사 차원에서 관심을 받게 되었다. 부사장님과 일주일마다 미팅을 갖게 되었는데 특히 기획에 대한 관심이

실제 게임 개발 사례

많으셨다. 왜 총기의 대미지는 그렇게 정해져야 하는가, 이동 속도는? 맵이 그렇게 구성된 이유는 무엇인가 등 값 하나하나 설정에 대한 근거와 재미가 있어야 했다. 나도 준비하면서 많은 것을 배웠다. 하지만 디렉터는 극심한 스트레스에 시달렸고 결국 입원 후 퇴사하게 된다. 얼떨결에 디렉터가 된 나는 전보다 더 열심히 할 수밖에 없었다. 50여 명의 팀원이 나만 바라보고 있는 것 같았다. 전 디렉터가 왜 병원에 입원했는지 그제야 이해가 됐다. 그로부터 반년 후 나는 PD와의 의견 차이로 팀에서 나오게 된다. 회사에 입사한 지 4년이 조금 넘었을 때의 일이었다.

프로젝트에서 나오고 나서 당장은 어떻게 해야 할지 감이 잡히지 않았다. 약 석 달을 그렇게 멍하니 보냈다. 생각해보면 게임 업계에 들어와 10년이 넘는 시간 동안 쉬어본 적이 한 번도 없었다. 퇴사해서 좀 쉬고 새로 회사를 알아볼 것인가, 아니면 게임 업계를 아예 떠날 것인가. 수도 없이 고민했다. 그때 상무님이 회사에 프로젝트를 제안해 보라고 권유하셨다. 제안은 보통 회사에 공헌이 있는 팀장에게 주는 기회였다. 여기서 공헌은 게임을 서비스하고 수익을 낸 것을 말했다. 나는 그러지 못했고 그래서 제안은 생각해 본 적도 없었다. 처음 들었을 때 적잖이 당황했지만 결정에는 하루도 걸리지 않았다. 그래. 밑져야 본전이다. 도전하려면 지금밖에 없다. 나는 다시 태어난다는 기분으로 제안을 준비했다. 정성 들여 PT 문서를 만들고 상무님에게 자주 피드백을 받았다. 처음에 세 가지 안을 준비했는데 결과적으로 모바일 FPS로 결정 났다. 가장 잘 알고 잘 만들 수 있는 것이었다. PT 문서에 들어가는 그림은 평소 친한 원화가 형에게 부탁했다. 완성된 문서로 여러 번 발표 연습을 했다. 인사하는 타이밍, 호흡, 시선 처리 등. 그렇게 일주일을 연습한 후 내용을 발표에 맞게 수정했다.

마침내 부사장님께 발표하는 날이 되었다. 심호흡하고 부사장실로 향했다.

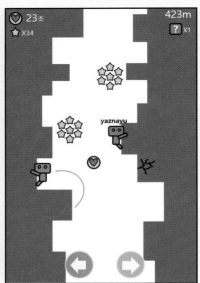

제안서 일부

부사장님은 얼른 발표해 보라고 하셨고 나는 연습한 대로 20분 동안 진행했다. 발표가 끝나고 부사장님이 의견을 말씀하셨다. 모바일 FPS에서는 이동을 아예 없애는 게 좋다는 것이었다. 나는 조준과 사격이 편리하다면 약간의 이동은 해도 괜찮다는 쪽이었다. 부사장님은 자신의 의견을 지지하는 근거들을 내놓으셨지만 나는 그러지 못했다. 부사장님은 그걸 보완하지 못하면 어려울 거라고 하시고 회의를 끝내셨다. 그러면서 다음 제안에는 더 보강된 내용으로 오길 바란다고 하셨다. 이 제안이 처음이자 마지막인 줄 알았던 나에게는 희소식이었지만, 다음에는 과연 어떻게 준비해야 통과할 수 있을지에 대한 고민이 남게 되었다. 부사장님이 말씀하신 대로 이동을 없애는 것은 간단했지만 그렇게까지 하고 싶지는 않았다. 그때 상무님이 아이디어를 줬다. 직접 플레이해 볼 수 있는 프로토타입을 만들면 부사장님을 설득하기 더 쉽지 않겠냐는 것이었

실제 게임 개발 사례

다. 나는 즉시 작업해줄 프로그래머를 찾았다. 다행히 평소 친하게 지내던 사람들이 있어 도움을 받을 수 있었다. 우리는 유니티 엔진의 데모 게임 중 가장 비슷한 것을 골라 제안용으로 수정했다. 회사 사무실에서 만들기에는 눈치가 보여 퇴근 후 근처 카페에서 만들었다. 약 두 달 동안 제작한 끝에 마침내 완성되었다. 그리고 마침내 두 번째 제안을 하게 되었다.

인디 게임
만들기

모바일 퍼즐 액션 브릿지 키퍼

이번 챕터에서는 실제로 있었던 인디 게임 개발 이야기를 다루고자 한다. 인디 게임은 개발 기간이 짧아 전체 공정을 간편하게 살펴볼 수 있다. 게임을 처음부터 개발해보는 경험이 도움이 될 것이다.

실제 게임 개발 사례

① 프리 프로덕션

기획서를 살펴보는 프로그래머

어느날 퇴근길에 문득 개인 프로젝트를 하고 싶다는 생각이 들었다. 당시 경력 5년차였던 나는 기획 전반에 대해 잘 알고 있다고 생각했기 때문에 뭐든 할 수 있다는 자신감에 가득 찬 상태였다. 바로 친하게 지내던 프로그래머 형에게 연락하여 팀을 만들자고 제안했다. 형 역시 회사일로 바빴지만 기획 5년차의 화려한 언변에 넘어오고 말았다. 홍대 카페에서 모인 우리는 앞으로 어떤 게임을 만들지에 대해 논의했다. 나는 매우 대단한 게임을 만들고 싶었으므로 허파에 바람을 잔뜩 집어넣고 열변을 토했다. 형은 감동한 표정으로 고개를 끄덕인 다음 게임 망치고 싶지 않으면 목표를 명확히 해야 한다고 했다. 우리는 조금 더 논의 후 아래와 같이 정했다.

| 인디게임 목표 |
○ 단순하게 만든다.
○ 빨리 완성한다.

생각보다 단촐한 목표에 적잖이 실망했다. 닭 잡는데 소 잡는 칼을 쓰는 기분이 들었지만 이걸 워밍업으로 해서 다음부터 본격적인 게임을 만들자고 하는 형의 말에 수긍했다. 그리고 게임 완성 후 깨달았다. 기획 5년차 언변 따위 프로그램 10년차에게는 상대가 안 된다는걸.

■ 기획서를 작성하다

간단하고 단촐한, 빨리 만들 수 있는 게임을 만들기로 했지만 무엇을 만들지는 쉽게 정해지지 않았다. 아직 허파의 바람이 다 빠지지 않아서였을까? 아니다. 처음으로 만들고 싶은 걸 만든다는 기대감이 오히려 결정을 방해했다. 첫 차를 사는 직장인처럼 두근거림과 우유부단함에 갈팡질팡했다. 그러던 어느날 TV에서 끊어지는 다리를 히어로가 몸으로 막아 시민을 구하는 장면을 보았다. 나는 즉시 형에게 연락했다.

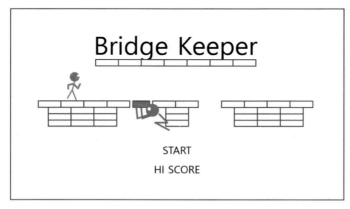

기획서 첫 장 그림

실제 게임 개발 사례

마침내 우리는 만들 게임을 정했다. 그것은 다리를 건너가는 행인을 떠받쳐 다리에서 떨어지지 않도록 하는 게임이었다. 끊어진 곳이 한 곳이면 유저가 컨트롤할 것이 없으므로 최소한 두 군데에 구멍을 내기로 했다. 그렇게 기획이 시작되었다.

그런데 조금 기획하다보니 구멍 두 군데 가지고는 재미가 없을 듯 하여 밑의 다리를 추가, 총 네 군데로 만들었다.

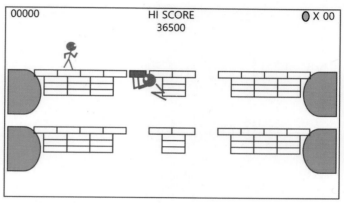

다리를 두 개로 늘림

행인은 일정 간격을 두고 위 아래로 지나갈 것이며 유저는 4개의 버튼을 이용해 행인이 밑으로 떨어지지 않도록 받쳐내면 되는 것이었다.

예시 기본 룰

1. 게임 시작
2. 위의 다리에서 행인이 왼쪽에서 등장하여 오른쪽으로 등속이동함
3. 아래 다리에서 행인이 오른쪽에서 등장하여 왼쪽으로 등속이동함
4. 행인이 떨어지지 않도록 히어로를 조작하여 떠받침
5. 행인당 두 번 떠받쳐줘야 함

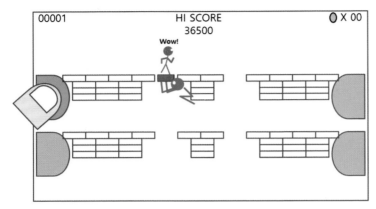

행인 떠받치기 성공

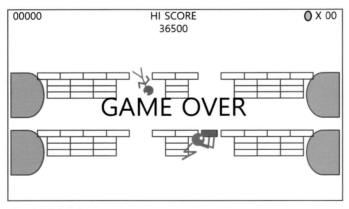

행인 떠받치기 실패

    기본적인 룰이 정해지고 나서 본격적인 로직 설계에 들어갔다. 간단한 게임이고 프로그래머도 모두 이해하고 있었지만 문서화는 꼭 해야하는 작업이었다. 우선 가장 간단하면서도 중요한 히어로 조작부터 시작했다.

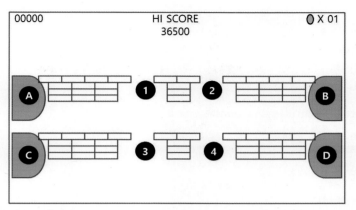

히어로 조작 방법

예시 히어로 조작 룰

1. A 버튼 누르면 1번 위치로 즉시 이동

2. B 버튼 누르면 2번 위치로 즉시 이동

3. C 버튼 누르면 3번 위치로 즉시 이동

4. D 버튼 누르면 4번 위치로 즉시 이동

2 레벨 디자인

히어로 조작이 구현되자 벌써 게임 다 만든 것 같은 기분이 들었다. 이제 행인이 지나가는 것을 만들어야 했다. 행인이 랜덤으로 지나간다면 매번 할 때마다 재미있겠다는 생각이 들어 처음엔 그렇게 만들었다. 그러자 동시에 떨어지는 행인이 생겨났다. 이동속도가 똑같다보니 위 다리와 아래 다리에서 동시에 등장하면 둘 다 같은 시기에 구멍에 도착하게 되는 것이었다. 히어로는 한 명뿐이었으므로 그중 한 명은 반드시 구멍에 빠졌다. 나는 행인의 등장 타이밍을 랜덤에 맡겨서는 안 된다는 걸 깨달았다.

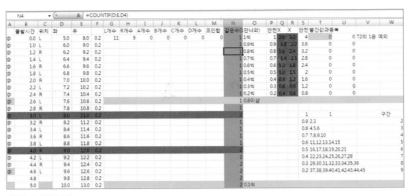

레벨 디자인 설계

행인 제어는 시간 기준으로 하기로 했다. 캐릭터는 등속 이동이므로 언제 1번 구멍과 2번 구멍(1번 구멍을 유저가 잘 받쳐줬다면)에 도착하는지 알 수 있었다.

출발시간	다리	1번 구멍	2번 구멍	3번 구멍	4번 구멍
0.0	위	5.0	8.0	0	0
1.0	아래	0	0	6.0	9.0

레벨 디자인 기본 내용

- 출발시간: 행인이 화면에 등장하는 시간
- 다리: 위 혹은 아래 다리
- 1~4번 구멍: 다리에 나 있는 구멍들 번호

구멍에 도착하는 시간이 겹치지만 않으면 되는 거였다. 위 표에서는 겹치는 시간이 없으므로 안전하게 히어로 역할을 수행할 수 있었다.

실제 게임 개발 사례

내용 구체화

게임의 핵심이 갖춰져 잘 작동되므로 매스 프로덕션 단계에 진입했다. 내용을 더욱 구체화하고 실제 게임처럼 보이도록 이미지 화면도 만들었다.

■ 그래픽 리소스 제작

이제 실제로 만들기로 하자, 당장 닥치는 문제가 있었다. 바로 그래픽 디자이너가 없다는 것이었다. 원하는 사람을 구할 수 없었기 때문에 일단 더미 리소스로 시작하고 나중에 구하자고 미뤄두었다가 결국 이런 사단이 났다. 별 수가 없어 일단 내가 파워포인트로 리소스를 만들고 나중에 디자이너를 구해 교체하기로 했다.

히어로 리소스 제작

가장 먼저 히어로를 만들었다. 1번~4번 구멍에 해당되는 이미지만 있으면 된다는 생각에 쉬울 줄 알았는데 막상 게임에 넣어보니 애니메이션이 없어서 매우 심심해 보였다. 망토라도 펄럭였으면 그럴듯 해보였겠지만 적용할 기술이 없었다. 프로그래머는 일단 기능은 하니 중요한 행인 작업에 들어가자고 했다.

행인 리소스 제작

처음 작업한 행인은 위와 같았다. 이 정도면 되겠지 싶어서 게임에 적용시켰더니 애니메이션이 너무 이상했다. 걷는 것 같지도 않고 뭔가 말로 표현하기 힘들 정도였다. 발을 내딛는 것도 이상하고 팔을 흔드는 것도 이상했다. 결국 여러 가지 방법을 알아보다가 일정 규격을 만들었다.

행인 애니메이션 규격 제작

실제 게임 개발 사례

일정한 간격으로 동작 프레임을 만들고 그 안에 행인을 세웠더니 자연스럽게 움직이게 되었다. 왼팔과 오른팔, 왼다리와 오른다리의 구분이 명확하여 살아있는 사람처럼 보였다. 바로 리소스를 정리하여 프로그래머에게 넘겼다.

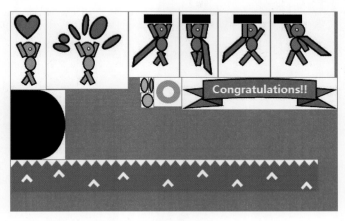

게임에 넣을 수 있도록 한 장짜리 이미지로 만듦

게임을 실행해보니 잘 진행이 됐다. 뭔가 살짝 아쉬운 것 같기도 했지만 게임을 1차 완성했다는 기쁨이 우선이었다.

② 문제 발견

기쁨도 잠시, 계속 찜찜한 기분이 들었다. 프로그래머가 게임을 해봤는데 플레이하다가 자꾸 죽는 것이었다. 행인을 10명 무사히 보내기도 힘들 지경이었다. 단순히 게임을 못해서였나 하면 그것도 아닌게 나도 어려웠다. 애초에 재미없는 게임으로 기획한게 아닐까? 불안감이 엄습했다. 그렇게 몇 번의 반복 플레이 끝에 문제를 발견했다.

| 브릿지 키퍼의 문제점 |

○ 행인이 지나가는 걸 알기 어려움

○ 템포가 재미없음

모바일 단말기에 최초로 올린 화면

행인이 지나가는 걸 알기 어려웠던 이유는 두 가지였다. 캐릭터의 손 발이 짧고 프레임이 많이 생략되어 있어서 걷는 동작을 알아보기 힘들었 고, 결정적으로 모바일 화면이 작다는 걸 생각하지 못했다는 것이다. PC 에서 개발할 때는 큰 화면으로 보니까 몰랐지만 막상 모바일 화면에서 보니 움직임이 거의 보이지 않았던 것이다. 행인이 언제 도착하는지가 매우 중요한 게임에서 움직임을 알기 힘든건 치명적인 문제였다.

또 다른 문제는 템포였다. 좋은 음악은 리듬이 있기 마련인데, 우리는 행인이 마구잡이로 근거없이 움직이다보니 일정한 리듬을 만들어내기 힘들었다.

실제 게임 개발 사례

③ 수정 및 개선

두 가지 작업에 착수했다. 첫째는 행인의 모습을 바꾸어 이동하는 것을 더욱 명확히 하자는 것. 걷는 애니메이션은 더 이상 잘할 자신이 없었으므로 아예 이동하는 모습을 바꿔보기로 한 것이다. 둘째는 템포를 일정 리듬으로 변경해보자는 거였다.

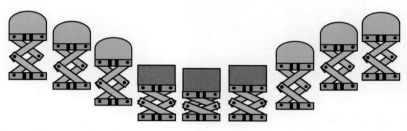

행인을 용수철 모양으로 변경

이동할 때 손발을 휘젓는 가로의 움직임을 표현하기 힘들었으므로 세로로 표현하기를 시도해보았다. 행인을 용수철 모양으로 바꾸어 뿅뿅 점프하며 이동하게 만들고, 히어로가 받쳐주는 구간에서는 빨간색으로 빛나게 하여 '확실히 받쳐줬다'라는 표시를 주기로 했다. 이러면 이동하는 것이 확실히 보일 것으로 생각했다. 적어도 기획상으로는.

④ 업데이트 결과

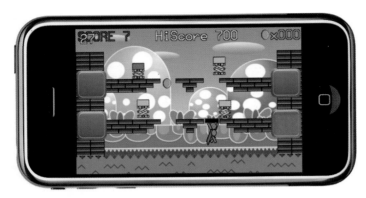

용수철 움직임을 적용한 빌드

▉ 캐릭터 새로 만들기

플레이 해보니 이동이 확실히 보여 대폭 개선된 느낌이 들었다. 스스로 흡족해하고 있었는데 프로그래머가 왜 용수철을 히어로가 구해야하냐고 물었다. 우리는 다시 고민에 빠졌다. "그럼 역시 생물체인게 좋겠지?" 그래서 행인과 용수철의 중간격인 콩콩이 캐릭터가 만들어졌다.

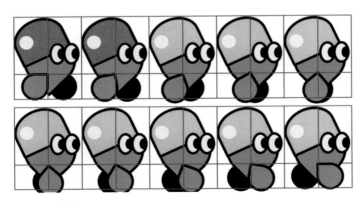

마침내 탄생한 콩콩이

실제 게임 개발 사례

행인을 바꾸고나니 히어로도 같은 종족이면 좋겠다싶어 통일했다.

히어로 슈퍼 콩콩이

기본 남청색에서 행인이 머리 위를 밟을 때 밝은 하늘색으로 변경되게 해서 인식이 명확하도록 했다.

2 템포 넣기

그래픽 문제가 해결되고나자 남은 것은 템포였다. 레벨 디자인 자체는 문제가 없었으므로 일정한 리듬만 타게 해주면 된다. 리듬은 항상 일정한 간격이 있으니 간격 계수를 넣어보자. 그렇게 결론내고 바로 작업에 들어갔다.

출발시간	다리	1번 구멍	2번 구멍	3번 구멍	4번 구멍	간격
0.0	위	5.0	8.0	0	0	0
1.0	아래	0	0	6.0	9.0	1.0

앞에서 행인 등장시간과 구멍 지나가는 시간을 정리했는데 거기에 맨 오른쪽에 '간격' 칼럼을 추가했다. 이것은 구멍을 지나가는 행인을 받쳐준 후 다음 받쳐줌까지 얼마의 시간이 걸리는가를 표시한 것이다. 이 시간이 일정하게 벌어져 있고, 그것들의 모음이 다시 일정하게 배치된다면 템포가 되어 하나의 리듬이 만들어질 것이라는 생각이었다.

위에서 간격의 값은 1.0인데, 이것은 1번 구멍을 5.0초에 막은 후, 6.0초에 3번 구멍을 막아야 한다는 것이다. 5.0초와 6.0초의 사이는 1.0초라는 뜻이다. 게임을 더 진행시킨다면 유저는 위와 같이 두 명의 행인이 지나간다고 했을 때 간격이 각각 1.0초, 2.0초, 1.0초의 간격을 두고 행인을 받치게 된다. 이것을 발전시켜 월드컵 대한민국 응원처럼 대-한민국 리듬(2.0초, 1.0초, 1.0초, 1.0초)으로 맞춰볼 수도 있다.

3 승리와 패배 조건 다듬기

패배는 행인을 받치지 못해 떨어뜨리는 것으로 명확했지만 승리는 정해지지 않았다. 유저가 게임을 잘하면 승리도, 패배도 없는 영원한 게임이 지속될 수 있었다. 이것이 별로 좋지 않다는 생각이 들었다. 그래서 넣은 것이 가속이었다. 유저가 게임을 일정 시간까지 하고 있거나 행인을 일정 인원 받치면 행인의 이동속도가 빨라졌다. 이것은 결국 유저의 실수를 유도하여 게임 오버로 연결될 수 있었다. 즉 한정된 시간 안에서만 플레이할 수 있도록 제한을 걸었던 것이다. 물론 매우 잘하는 유저라면 아무리 속도가 빨라져도 계속 살아남을 수 있겠지만 대부분의 유저는 그렇게 할 수 없었다.

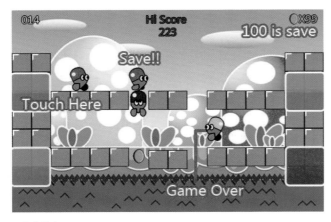

도움말 화면

실제 게임 개발 사례

뒤로 갈수록 게임 속도가 빨라지자 점수 정체 구간이 생겼다. 행인 50여 명을 구하면 그때부터는 속도가 너무 빨라 그 이상 구하기가 힘들었던 것이다. 이렇게 될 경우 특정 구간에서 정체가 너무 심할 것이므로 속도의 강약을 주기로 하였다. 점점 빨라져서 마침내 매우 빠르다가 그 위기를 넘기면 다시 원래의 속도로 돌아와 잠시 동안 숨을 고를 수 있게 하였다. 그러다 다시 일정 행인을 구하면 또 빨라지는 등의 변화를 주었다. 그러자 점수의 분포가 좀 더 골고루 퍼지게 되었다.

❹ 기타 시스템

행인을 받치는 것이 게임의 코어 플레이였지만 역시 이대로는 조금 심심한 느낌이 들었다. 슈퍼 마리오에서 가장 중요한 것은 점프였지만 거기에 골드 코인이 있다고 해서 방해될 건 없지 않은가, 게다가 코인을 100개 모으면 보너스까지 주니 일석이조가 틀림없었다. 만약 행인을 받쳐주다가 여유가 되면 코인을 모을수도 있는 것이었다. 또한 얼마나 잘했는가를 자랑할 수 있는 랭킹 보드도 추가하였다.

골드 코인

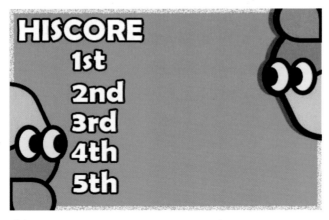

랭킹 보드

5 브릿지 키퍼 개발 후기

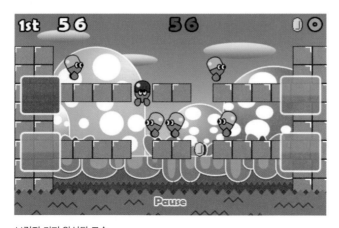

브릿지 키퍼 완성된 모습

　간단하게 빨리 개발하자던 당초의 목표와 달리 생각보다 오랜 시간이
걸렸다. 약 4개월 정도 걸렸는데 만약 중간에 뒤집지 않았어도 3개월 이
하로는 되지 않았을 것이다. 시간이 걸린 가장 큰 이유는 중간에 발생할
시행착오에 대한 대비가 전혀 없었다는 것이다.

실제 게임 개발 사례

그래도 잘한 점과 못한 점을 꼽아본다면, 잘한 점은 목표를 현실적으로 잡아 완성할 수 있었다는 것이다. 단순한 퍼즐 액션 게임도 레벨 디자인이 매우 중요해서 여러 번 반복 플레이하면서 문제를 찾아내고 빠르게 수정하여 만족할만한 게임을 완성했다. 못한 점은 그래픽 디자이너를 초반부터 영입하지 못해 그래픽의 퀄리티가 떨어졌고 효과적인 리소스 제작이 힘들어 프로그래머가 리소스를 직접 가공 및 적용해야 했다는 것.

브릿지 키퍼의 개선이 이루어질수록 게임에 대한 기대는 커져갔지만 현실적으로 이제는 그만하고 싶다는 마음도 역시 커졌다. 결국 4개월째 되면서 이쯤에서 프로젝트를 마무리 짓기로 하고 앱스토어에 올렸다. 수익은 없었지만, 프로젝트를 처음부터 끝까지 마무리한 경험이 자신감이 되어 이후 기획자 생활을 하는데 중요한 밑바탕이 되었다.

기획을
계속하다

이번에는 부사장님뿐만 아니라 세 명의 이사님들도 참여했다. 그만큼 부사장님이 이번 제안에 거는 기대가 큼을 알 수 있었다. 나는 이번에는 작전을 바꿔서 부사장님이 중요하게 보는 왜 그런 숫자가 나왔는가를 중심으로 PT를 하기 시작했다. 왜 모바일 화면에서는 조준점이 이 속도로 움직여야 하는지, 왜 대상은 이 정도 크기여야 하는지 등이었다. PT가 끝나고 일부러 숨겨둔 여러 대의 폰을 극적으로 테이블 위에 올려놓았다. 그리고 직접 플레이해 보실 수 있도록 준비했다고 말씀드리며 하나씩 나눠드렸다. 모두 열심히 게임을 해보았다. 특히 부사장님은 겨우 프로토타입인데도 불구하고 이곳저곳을 다니며 다 쏴보고, 왔던 길을 다시 가는 등 매우 꼼꼼하게 플레이하셨다. 모든 발표가 끝나자 부사장님과 상무님들은 몇 가지 간단한 질문을 하더니 따로 나가서 10분간 들어오지 않으셨다. 그 시간이 얼마나 긴장되고 고통스러웠던지. 기나긴 시간이 지나고 마침내 모두 돌아왔다. 부사장님은 담담하게 이번에도 통과되지 못했음을 알려주셨다. 생각보다 충격이 크거나 슬프지는 않았다. 모두 내가 부족한 탓이다. 다만 지금까지 도와준 주변 사람들에게 미안한 마음만 남았다. 부사장님이 다음에 또 제안하라고 하셨지만 이미 내 마음은 회사를 떠났다. 두 번이나 기회를 주셨음에도 불구하고 못 잡은 것은 순전히 능력 부족이다.

허탈한 마음에 그렇게 며칠이 지났다. 사내 카페에서 봄 햇살을 맞으며 앉

전화보단 주로 테스트에 많이 쓰였던 본인의 스마트폰

아있는데 핸드폰이 울렸다. 아는 분이 새로 시작한 회사였다. 그러고보니 얼마 전에 창업했다는 소식을 건너건너 들었던 것 같다. 사장님의 초대를 받아 찾아간 회사는 작지만 가능성이 많아 보였다. 개발자들의 열정을 보며 새로운 희망이 싹트기 시작했다. 큰 회사는 큰 회사의 장점이, 작은 회사는 작은 회사의 장점이 있다.

나는 여기서 그간 쌓아온 경험과 노하우를 최대한 발휘하고 싶었다. 좋은 회사에서 좋은 사람 만나 다행히 출시해서 유저에게 다가갈 수 있었던 게임이 있었던 반면, 그런 것이 존재하는지조차 모를 정도로 만들기만 하다가 연기처럼 사라진 게임도 많았다. 이때쯤부터 언제나 이곳이 나의 마지막이 될 수 있다는 생각을 하기 시작했다. 이것이 마지막으로 만드는 게임이다, 유저에게 정말 재밌다는 말을 듣고 싶다, 후회를 남기고 싶지 않다라는 생각을 하며 정말 열심히 개발했다. 하지만 게임 트렌드는 아침에 눈 뜨면 변하는 것처럼 빨랐고, 그에 따라 기획도 빠르게 변해야 했다. 분명 유저가 좋아할거라고 생각한 시스템도 개발하다보면 다른 게임이 이미 출시해서 보여주고 있거나 아예 엎어야할 정도로 유행이 확 바뀌는 경우도 많았다. 게다가 유저의 관심과 시간을 얻기 위해서는 게임끼리의 경쟁이 아닌, 넷플릭스나 유튜브 등 SNS 매체와도 겨뤄야하는 무한 경쟁 시대가 되었다.

과거에는 PC 아니면 콘솔 게임뿐이었고, 그래서 유저가 게임을 하겠다고 마음 먹으면 당분간 이탈에 대해 걱정하지 않아도 됐었다. 지금은 모바일 게임이 대세고 그래서 쉽게 설치하고 쉽게 지울 수 있어 더더욱 유저가 떠나지 못하도록 여러 장치를 연구해야 했다. 전보다 개발 환경은 많이 좋아졌지만 유저를 붙잡아두기에는 훨씬 어려워졌다. 그래도 재미의 본질은 변하지 않는다고 믿는다. 게임이 재미만 있다면 유저는 분명 알아줄 것이고 그렇게 기획에 대한 노력이 보상받는다고 생각한다. 그렇게 믿고 지금도 열심히 기획하고 있다. 유저들이 정말 재있게 할 수 있는 게임을 완성하는 그날을 위하여!

실제 게임 개발 사례

주홍형 구현 다 됐어요~

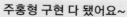
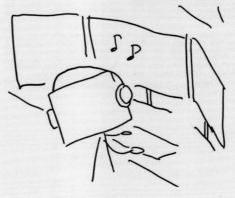

올해로 게임 업계에 들어온 지 18년 차가 된다. 그 시간 동안 회사에서 총 7개의 프로젝트에 참여하고, 그중 3개를 론칭했다. 프로젝트당 2.5년의 시간이 걸렸고 약 절반의 확률로 완성할 수 있었다. 이것은 매우 운이 좋은 것이다. 없어지거나 실패한 프로젝트 때문에 고민하고 괴로워해도 언젠가 재미있는 게임을 만들겠다는 희망은 놓지 않았던 결과였다. 게임 기획자가 되길 잘했다고 생각한다.

이 책을 쓸 때 물심양면으로 지원해준 아내에게 감사하고 아낌없는 노력으로 같이 인디 게임을 만들었던 형규형과 경훈이, 표지를 그려준 진섭형, 평소 많은 조언을 해준 백주형, 게임업계로 이끌어준 준호에게 감사한다.

또한 기꺼이 인용을 허락해주신 <소울아크>의 블루스톤 소프트, <쿠키런>의 데브시스터즈S, <라스트오리진>의 스마트 조이 회사 및 개발팀에도 감사한다.

프로젝트 마감 후 휴일 어느 날 최주홍

인기 모바일 게임들과 함께하는

모바일 게임 기획의 모든 것

최주홍 지음

YoungJin.com **Y.**
영진닷컴

모바일 게임
기획의 모든 것

1판 1쇄 발행 2020년 4월 6일
1판 2쇄 발행 2022년 6월 21일

저　　자 | 최주홍
발 행 인 | 김길수
발 행 처 | (주)영진닷컴
주　　소 | 서울시 금천구 가산디지털2로 123
　　　　　　월드메르디앙벤처센터2차 10층 1016호 (우)08505
등　　록 | 2007. 4. 27. 제16-4189호

© 2020. (주)영진닷컴
ISBN 978-89-314-6165-7